Haubarg mit Kolonialwarenladen der Familie Paul Matthias Peters in Tetenbüll in der Dörpstraat, v. l. n. r.: Paul Matthias Peters, Sohn Paul Adolph, Mutter Anna Maria Peters, geb. Jensen, Sohn Johann Tauchmann, Tochter Ida Wilhelmina Dorothea, Tochter Minna Ernestina, Tochter Anna Margaretha, Friederike Louise, geb. Clasen, um 1886/87

Brigitta Seidel

MarkenWaren

Maggi, Odol, Persil & Co. erobern den ländlichen Haushalt

Ausstellung im Haus Peters Tetenbüll
30. November 2002 – 12. Januar 2003

Husum

Kataloge der Museen in Schleswig-Holstein, Nr. 67

Ausstellung und Begleitband
Brigitta Seidel

Zu dem Ausstellungszyklus sind bereits erschienen:

Brigitta Seidel, Doris Tillmann, „LandHökerei. Dörflicher Warenhandel im 18. und 19. Jahrhundert am Beispiel des Kaufladens Peters in Tetenbüll, Eiderstedt" (Kataloge der Museen in Schleswig-Holstein, Nr. 57). Zu beziehen im: Haus Peters, Dörpstraat 16, 25882 Tetenbüll, Tel. 0 48 62 / 6 81, Fax 0 48 62 / 10 30 28
ISBN 3-9807427-3-3

Brigitta Seidel, „KolonialWaren. Genussmittel und Gewürze im ländlichen Haushalt" (Katalog der Museen in Schleswig-Holstein, Nr. 63). Husum Druck- und Verlagsgesellschaft, Husum, 2001
ISBN 3-89876-028-6

Bibliografische Information Der Deutschen Bibliothek

Die Deutsche Bibliothek verzeichnet diese Publikation in der Deutschen Nationalbibliografie; detaillierte bibliografische Daten sind im Internet über http://dnb.ddb.de abrufbar.

Satz und Lithographie: Fotosatz Husum GmbH
Druck und Verarbeitung: Husum Druck- und Verlagsgesellschaft
Postfach 1480, D-25804 Husum - www.verlagsgruppe.de

ISBN 3-89876-081-2

Grußwort

Der Begriff Landhökerei hat in der Zwischenzeit in Tetenbüll schon einen vertrauten Klang. Im Herbst 2000 startete die erste Ausstellung zur Entstehung der Hökereien und des Kaufladens der Familie Peters, ein Jahr später standen die Genussmittel und Kolonialwaren im Mittelpunkt. Nun werden Reklame und Verpackung näher beleuchtet, und man darf schon heute auf die Fortsetzung der Reihe gespannt sein.
Thematisiert und präsentiert werden die grundlegenden Entwicklungen des Warenhandels vom 18. bis zum 20. Jahrhundert im ländlichen Raum. Begleitet wird das Projekt von einer Publikationsreihe, die fachwissenschaftlich fundiert und verständlich zugleich alle Aspekte beleuchtet.
Mit der Anbindung des Projektes an den biedermeierlichen Kolonialwarenladen in Tetenbüll wird den BesucherInnen ein ausgesprochen attraktiver Ausstellungsort geboten, nämlich die Schnittstelle zwischen Wohnen und Arbeiten auf dem Dorf und dem Einzugsgebiet der Kundschaft vom Lande. Die sinnliche Erfahrung wird hier mit dem authentischen Ambiente und dem historischen Kontext kombiniert. Dies spricht Urlaubsgäste gleichermaßen wie Einheimische an. Der Ladenraum mit seiner historischen Einrichtung in dem denkmalgeschützten Haus wirkt dabei als Publikumsmagnet, doch Haus Peters hat mit seinem Museums-, Ausstellungs- und Galeriebetrieb noch mehr zu bieten.
Tetenbüll spielt eine wichtige Rolle im Konzert der schleswig-holsteinischen Museen. Die Ausstellungsvorbereitung und -durchführung, die Presseinformation und überregionale Berichterstattung, Werbemaßnahmen bis hin zu Brötchentüten, der laufende Betrieb – Haus Peters wäre nichts ohne seinen Förderverein. Sein bürgerschaftliches Engagement für Museum und Laden kann nicht hoch genug geschätzt und die Arbeit, die dort geleistet wird, nicht hoch genug gewürdigt werden.
Sie werden bei dieser Ausstellung der Markenwaren bestimmt viele alte und vielleicht schon vergessene Bekannte wieder treffen – freuen Sie sich auch auf Ihre eigene Erinnerung.

Dr. Brigit Janzen
Ministerium für Bildung, Wissenschaft, Forschung und Kultur

Die neue weiße Frau, Plakat des Malers Eugen Prinz-Schulte mit Frauentyp der Goldenen Zwanziger, 1929

Einleitung

Biedermeierlicher Kaufladen von 1820, Haus Peters

Mit dem Projekt „Dörflicher Warenhandel vom 18. bis 20. Jahrhundert" hat sich das Haus Peters die Aufgabe gestellt, angesichts des wirtschafts- und kulturgeschichtlich wenig untersuchten ländlichen Warenhandels einen Beitrag zur Erforschung der Entwicklung des Einzelhandels auf dem Lande zu leisten. Ausgehend von dem Kolonialwarenladen der Familie Peters in Tetenbüll, der seit 1991 von dem Förderverein Haus Peters e. V. als Museum und Laden betrieben wird, wurden jeweils in den Herbst- und Wintermonaten seit 2000 zentrale Entwicklungen in der Warenversorgung auf dem Lande in Ausstellungen mit dazugehörenden Begleitbänden präsentiert.

Der Teil I unter dem Titel „LandHökerei" befasste sich mit der Bedeutung des Warenhandels im Dorf Tetenbüll und auf der Halbinsel Eiderstedt in Nordfriesland sowie mit der Entstehungsgeschichte des Ladens, womit gleichzeitig eine erste baugeschichtliche Dokumentation des Hauses und seiner Einrichtung vorgenommen wurde. Daneben wurde das Sortiment an Verkaufswaren dargestellt, wie es durch die beiden Hökerverordnungen aus dem Jahre 1755 und in der Neufassung von 1826 für den ländlichen Einzelhandel vorgegeben war.[1]

Eine wesentliche Verbreiterung des Warensortiments erfuhren die dörflichen Läden durch das Aufkommen der Kolonialwaren, deren Geschichte und Rezeption in Nordfriesland im Mittelpunkt des zweiten Ausstellungsteils mit dem Titel „KolonialWaren" stand. Gewürze und Spezereien, wie sie seit dem Mittelalter bekannt waren, und die Verbreitung von Genussmitteln als Folge der Entdeckung Amerikas und der kolonialen Eroberungen stellten im 17. Jahrhundert für die Bewohner des europäischen Kontinents eine völlige Neuheit dar. Rauchen war bis dahin unbekannt und die drei Heißgetränke Tee, Kaffee und Schokolade bewirkten tief greifende Veränderungen in allen Lebensbereichen. Die Genussmittel und wichtigsten Gewürze wurden im historischen Kontext vorgestellt und der Wandel im Konsumverhalten und in den Lebens- und Nahrungsgewohnheiten der Küstenbewohner dokumentiert.[2]

Nicht minder revolutionierend wirkten sich die seit dem zweiten Drittel des 19. Jahrhunderts industriell hergestellten oder veredelten Produkte aus, die das traditionelle Warensortiment eines Kaufladens aus Kolonialwaren, Landesprodukten und Genussmitteln erweiterten. Das Haus Peters thematisiert im dritten Ausstellungsteil mit dem Titel „MarkenWaren" den Siegeszug der Markenprodukte, und zwar schwerpunktmäßig auf den Gebieten, wo sie den Alltag der Menschen fundamental verändert haben: bei Reinigung und Waschen, Hygiene und Kosmetik sowie Nahrungsmitteln, die von den bahnbrechenden Erfindungen der Chemie im 19. Jahrhundert bestimmt waren.

Es war das Zeitalter der Surrogate, geprägt von der Suche nach industriell herzustellenden Ersatzstoffen für die teuren Naturprodukte wie Kaffee, Butter oder Fleisch. Getreidekaffee, Margarine oder Tütensuppen entwickelten sich zu preiswerten Grundnahrungsmitteln. Neben den Lebensmittelherstellern reagierte auch die Reinigungsindustrie mit arbeitserleichternden Produkten auf die veränderte Erwerbs- und Wohnstruktur, wie sie sich seit Beginn der Industrialisierung vor allem in den Städten ausgebildet hatte. Ergänzt wurden die neuartigen Waschmittel von aufkommenden Artikeln zur Körperpflege, deren Hersteller durch Gesundheitserziehung und Aufklärung die Entwicklung der Hygienevorstellungen wesentlich mitprägten.

Die industriell gefertigte Markenware, definiert als ein in der Fabrik produziertes und verpacktes Erzeugnis, das mit Marken- und Gütezeichen, festen Preisen und der Garantie des Herstellers auf gleichbleibende Qualität versehen war, veränderte sowohl das Aussehen der Läden, die Beziehung des Kaufmanns zum Kunden als auch das Verhalten der Konsumenten selbst. Im Begleitband wie in der Ausstellung werden die Entstehungsgeschichte ausgewählter Produkte im Kontext der allgemeinen Firmengeschichte dargestellt und die wichtigsten Werbeträger wie Verpackung, Reklamemarken, Blech- und Emailschilder und Kochbücher vorgestellt sowie Objekte der Werbekunst um 1900 anhand von Originalen präsentiert.

In der Forschung stand lange Zeit die Güterproduktion zu Beginn des Industriezeitalters im Mittelpunkt des Interesses, Warenvertrieb und Konsum als Wirtschaftsfaktoren blieben unberücksichtigt. Erst neuere Arbeiten stellen den Warenhandel als wichtige Antriebsfeder im Modernisierungsprozess dar und untersuchen Warenumschlag, Konsumentenschichten, das Verkaufsgeschehen und die Ausstattung der Läden.[3]

In einem Begleitband kann ein umfassender Beitrag zu dieser Problemstellung nicht geleistet werden, doch wurde durch Auswertung der hiesigen Provinzzeitung wie auch zweier Kontobücher aus Tetenbüll und Osterhever der Frage der Durchsetzung von Markenartikeln im ländlichen Haushalt in einem ersten Schritt nachgegangen. Am Beispiel des Anzeigenteils des Husumer Wochenblatts ab 1878 wie auch anhand der Einkaufsliste von Wilhelm Clausen von 1897 bis 1899 und dem Kontobuch des Kaufmanns Lorenzen zwischen 1927 und 1929 wurde die allmähliche Rezeption der Markenwaren nachgezeichnet. Dabei lassen sich regionale und zeitliche Unterschiede feststellen, zum einen von der Einführung eines Produktes bis zu seiner Rezeption im Anzeigenteil oder im Warensortiment eines Kaufladens vor und nach 1900, zum anderen bei den einzelnen Warenarten der Markenartikelhersteller. Die Ergebnisse wie auch die methodischen Probleme einer quantitativen Auswertung werden in den jeweiligen Kapiteln erläutert.

Kaum ein Ausstellungsort ist wohl geeigneter, den Spuren der Geschichte der Markenwaren nachzugehen, als das authentische Ambiente eines dörflichen Kolonialwarenladens. Der historische Kaufmannsladen im Haus Peters mit seiner gut restaurierten Einrichtung ist die wohl älteste, an ihrem Ursprungsort erhaltene, ländliche Hökerei in Schleswig-Holstein. In dem Haus, gebaut um 1760 und von etwa 1850 bis 1955 Wohntrakt eines ehemaligen Haubargs, hat der Besucher die seltene Gelegenheit, Wohnen und Arbeiten im Umfeld von Dorf und Landschaft, dem Einzugsgebiet des Ladens, zu erleben.

Allen Personen, Institutionen und Firmen, die dieses Projekt unterstützt haben, sei bereits an dieser Stelle ausdrücklich gedankt.

Markenwaren

Marke als Merkzeichen

Zeichen und Markierungen auf Waren bedeuteten Orientierungshilfen für den Kunden. Markierte Produkte mit Hersteller-, Herkunfts- oder Qualitätszeichen gab es lange vor dem Aufkommen der Markenartikelindustrie im 19. Jahrhundert. Bereits in der Antike trugen römische Töpfe das Gütesiegel „sine cera" für eine Arbeit ohne Fehl und Tadel. Im Mittelalter traten die Meisterzeichen und Schauzeichen der Zünfte hinzu, wie sie einige Zunftordnungen vorschrieben. Im Zeitalter des Merkantilismus verliehen fürstliche Landesherren zur Ankurbelung des Exports bestimmten Fabrikanten Warenzeichen zur exklusiven Verwendung.[4]

Die ältesten Warenzeichen stellten Markierungen auf Eisenarbeiten von bestimmten Schmiedewerkstätten dar. Kölner Klingen galten seit dem Mittelalter und in der frühen Neuzeit europaweit als bekannte Markenwaren. Die Güte der Solinger Stahlwaren überwachten Zünfte, die sie mit einem bildhaften Zeichen verbanden, dem laufenden Wolf. Die sächsischen Kurschwerter, zunächst ebenfalls ein Klingenzeichen, zierten seit 1772 das Porzellan der Königlichen Manufaktur. Markierungen wurden auf Fässern, Warenverpackungen, Tabakpaketen, als Wasserzeichen auf Papier, auf Metallwaren und keramischen Erzeugnissen angebracht und von Zünften und der Obrigkeit kontrolliert. Dabei wurde die Qualität des Materials und die handwerksgerechte Ausführung bezeugt und mit dem Wappen der Stadt und dem Zeichen des Meisters garantiert.[5]

Waschmittelwerbung, Husumer Wochenblatt 25/1896

Markenartikel

Die modernen Markenartikel, wie sie sich seit Mitte des 19. Jahrhunderts durchsetzten, hatten mit ihren Vorläufern der vorindustriellen Zeit wenig gemeinsam. Sie entstanden im Gefolge der raschen Industrialisierung, als die maschinelle und industrielle Produktion die Grundlage für die Massen- und Überproduktion von Gütern bildete. Die Vielfalt der Produkte war mit ihren spezifischen Charakteristika und Qualitäten vom Verbraucher nur schwer zu durchschauen. Die ersten Markenartikel besaßen neuartige Eigenschaften und standen außerhalb der Vorstellungswelt der Verbraucher.

Der Sprung aus der Anonymität gelang ihnen mit Hilfe der Werbung und einer einheitlichen Aufmachung. Die typische Markierung geschah durch Warenzeichen oder Ausstattung, womit das Versprechen gleichbleibender Qualität durch den Hersteller verbunden war.[6]
Zunächst entwickelten sich die industriell erzeugten Markenprodukte als Warenzeichen, die in der Zeichenrolle des Patentamtes eingetragen waren und dem gesetzlichen Schutz des Staates unterlagen. Sie dienten im Unterschied zu den Markenzeichen der vorindustriellen Zeit weniger einem Qualitätsnachweis, sondern vielmehr als Garant der Unverwechselbarkeit des Produkts im Konkurrenzkampf ähnlicher Erzeugnisse.[7] Marken dienten dazu, die Erzeugnisse eines Unternehmens von anderen zu unterscheiden. Verpackung und Farben verliehen den Markenprodukten ein einheitliches Erscheinungsbild.[8] Der Markenartikel des Industriezeitalters setzte sich zusammen aus dem Produkt selbst, seiner Verpackung und der Produktwerbung.

Spitztüten, Stiftung Nordfriesland

Verpackung

Im Allgemeinen wird das Aufkommen der modernen Verpackung mit der Markenartikelindustrie in Verbindung gebracht. Doch bedeutete verpackte Ware keineswegs zugleich industriell gefertigte Markenware, denn Waren und Güter durch Umverpackungen zu schützen, ist Teil der Handelsgeschichte.
Um 1900 war die Verpackung keinesfalls der Normalfall, sondern vielmehr war der Verkauf loser Ware typisch in den Kolonialwarenläden.[9] Der Handel bediente sich der einfachen Spitztüte oder schlicht einer alten Zeitung, in die man die Produkte einwickelte.[10] Die losen Waren wurden auf ein Stück Zeitungspapier gelegt, abgewogen und dann eingewickelt. Später kam anstelle des Einwickelpapiers die graue Tüte hinzu, dann Pappkartons mit bunten Aufdrucken.
Unter quantitativen Gesichtspunkten spielte die Verpackung im Handel um 1900 noch kaum eine Rolle. Der Warenumschlag setzte die ersten Verpackungen sehr zögerlich ein. Diese mussten in aufwendiger Handarbeit gefertigt werden, waren also kostspielig und verteuerten die Produkte erheblich.[11] Diesen Umstand machten sich Hersteller von loser Markenware in der Werbung für ihre Produkte zunutze. (48/1905)
Um die Verkaufszeit zu verkürzen, hatte der Kleinhandel jedoch einen großen Teil der gelieferten losen Ware vorab in kleine und kleinste Packungen aufgeteilt. Es war die Welt der Packpapierverpackungen.[12] Wie Ernst Payns als Lehrjunge in einem Oldensworter Kolonialwarenladen im Jahre 1904 in seinen Erinnerungen vermerkt, wurden Pickfarbe zum Schwarzfärben von Wollsachen und Holzkohle zum Heizen der Plätteisen und zur Weihnachtszeit wochenlang abends Gewürze abgewogen.[13] Bei dem verpackten Erzeugnis, dem mit Marken- und Gütezeichen, festen Preisen und der Garantie des Herstellers auf gleich bleibende Qualität versehenen Markenartikel, entfiel nun der Zeitaufwand für Wiegen und Abpacken.
Doch mit der weiteren Zunahme der Markenartikel gewann die Verpackung eine nie da gewesene Bedeutung. Beson-

Riesenwaschkraft, Henkelplakat nach 1920

ders die Hersteller solcher Produkte, die eine fundamentale Veränderung im Konsumverhalten der Verbraucher herbeiführen wollten, z. B. im Bereich von Reinigung und Hygiene oder Ernährung, setzten für ihre Erzeugnisse gezielt das Medium Verpackung ein. Das Gefäß, die Pappschachtel oder der Karton galten als Markenzeichen ihrer Produkte.

Verpackungskarton für Blaubandmargarine, ab 1924

Gegen Ende des 19. Jahrhunderts hatten Fabrikanten wie Karl August Lingner mit Odol, Julius Maggi mit Suppenwürze oder Hermann Bahlsen mit Leibniz-Cakes Marksteine bei der Ausprägung der Verpackung gesetzt. Die vom Gesetz erzwungene würfelförmige Kartonverpackung für Margarine entwickelte sich zu einem Markenzeichen der Fettindustrie.
Über die verpackten Produkte erhofften die Markenartikelhersteller zudem, sich vor Nachahmungen zu schützen. Besonders die Margarineindustrie oder die Hersteller von Gesundheitskaffees suchten über die Verpackung ihre Produkte von dem negativ besetzten Image des Ersatzstoffes oder Surrogats zu lösen und diese zu einem eigenständigen Qualitätsprodukt zu machen. Die Verpackungsvielfalt um 1910 machte es notwendig, dass der Waschmittelhersteller Thompson die Kundinnen aufforderte, die Verpackungen beim Kauf genau zu prüfen. (35/1910)

Werbung

Industrialisierung und Werbung waren eng miteinander verknüpft. Güter konnten in großen Mengen produziert werden. Die damit ausgelöste Überproduktion machte Wirtschaftswerbung notwendig. Namengebung, Verpackung und Werbung gewannen an Bedeutung. Das Produkt wurde mit einem besonderen Zeichen markiert und ihm ein einprägsamer Name gegeben. Ziel der Markierung war, die Einheitlichkeit und Unverwechselbarkeit der Erzeugnisse aus der Masse ähnlicher Konkurrenzprodukte herauszustellen.[14] Seit 1880 boten Weltausstellungen für die Hersteller gute Präsentationsmöglichkeiten. Dort blühte das Auszeichnungswesen mit Prämierungen, Urkunden und Medaillen. Abbildungen der Auszeichnungen schmückten Briefköpfe, Werbeblätter und Annoncen von Firmen und Werkstätten.

Husumer Wochenblatt 29/1891

Neben diesen Auszeichnungen wurde vor allem die Bezeichnung „Hoflieferant" zu einer Qualitätsmarke von hoher Werbewirksamkeit. Die Fürstentümer und Königreiche erließen diesen Titel, mit dem sich gesellschaftlich die Verbindung der monarchischen Verfassung mit der bürgerlichen Industrie- und Handelswelt herstellen ließ.[15]

Zu den frühesten Formen der Reklame gehören die Zeitungsannoncen, in denen mit Medaillen und Hofdiplomen, mit Fabrikansichten als den „Adelspalästen der Arbeit" und mit rauchenden Schloten geworben wurde, die den Industriefleiß demonstrierten, weniger den Schweiß und das Elend in den Fabriken.[16]

Dieses ältere, konservative System der Reklame wurde vor 1900 abgelöst von einer Werbung, die stark von den Formen der Schriftgestaltung und graphischen Kunst des Ornaments geprägt war.[17]

Identitätsstiftende Merkmale waren zunächst Siegel, Marken und andere Zeichen, dann die nach Formen, Farben und Schriften gestalteten Verpackungen und ganz zum Schluss erst nach den Grundsätzen der Plakatkunst ausgebildete Produkte, die klar und unverkennbar einem bestimmten Markenbegriff zugeordnet wurden.[18]

Werbemittel

Werbung wurde möglich durch die Massenproduktion von Konsumgütern und war daher an die Industrialisierung und die Entwicklung der Massenmedien gebunden. Die Tageszeitungen kamen diesem Bedürfnis entgegen und profitierten von den Anzeigeneinnahmen. Durch die Veröffentlichung einer Anzeige konnte eine Vielzahl von potentiellen Käufern erreicht werden. Hatten zu Beginn der Industrialisierung die Unternehmen persönlich die Anzeigen gestaltet, so entstand mit wachsender ökonomischer Bedeutung der Werbung ein Markt von Spezialisten für deren Ausformung. Diese beschränkten sich nicht auf ästhetische Qualitäten, sondern suchten das Ziel der Werbung, die Beeinflussung des Konsumenten im Sinne des Werbungtreibenden, zu erreichen.[19]

Versprechen von Schönheit und Gesundheit, Jugend, Nr. 14 1907

Emailschild 1920

Neben der Zeitungsanzeige gestaltete sich das Schild zu einem der wichtigsten Werbemedien der Jahrhundertwende. Das wetterbeständige, lichtechte und rostfreie Emailschild als Dauerplakat, das seit 1893/94 industriell hergestellt wurde, vollzog einen Siegeszug für die Markenartikelindustrie. Immer mehr Produzenten priesen ihre Waren auf Werbeschildern an, die an der Ladenfront angebracht wurden. Diese bunten Werbeschilder traten neben, vielfach vor das Firmenschild, und nicht selten verschwand der Name des Geschäftsinhabers unter der Vielfalt der Reklameschilder.[20]
Die Fassaden der Kleinhandelsläden, aber auch die Hauswände der Detailhändler waren um 1900 übersät mit Schildern von Maggi und Persil. Die Tante-Emma-Läden schienen in der Schilderlawine der Markenartikelindustrie unterzugehen.[21] Diese wachsende Präsenz der Reklame lässt sich an den zeitgenössischen Fotografien von Kolonialwarenläden ablesen.

Reklamemarken der Firma Johann Weck (1841–1914), um 1905

Ein weiterer Impuls der Wirtschaftswerbung ging von der Ausbildung und Umgestaltung der Schaufenster aus. Die Schaufensterwerbung wuchs für den Einzelhandel neben dem Zeitungsinserat seit den 1880er Jahren zum wichtigsten Instrument der Verkaufsförderung heran.[22] Anders als das persönliche Gespräch im Laden, zielte das Schaufenster nicht mehr auf den Einzelnen, sondern auf große Gruppen von potentiellen Kunden. Information und Animation standen im Vordergrund.[23] Daher statteten die Markenartikelhersteller die Einzelhändler großzügig mit verschiedenen Aufstellern, Schauverpackungen, Plakaten, Emailschildern und Verkaufsschränken zur Dekoration ihrer Schaufenster und Geschäftsräume aus.[24]

Zwischen 1870 und 1940 entstanden Reklame-Sammelbilder als frühes Instrument der Kundenbindung, die alle Wissensgebiete der Natur und der Kulturgeschichte betrafen. Ermöglicht wurde dieses Werbemittel durch die technische Entwicklung des Druckgewerbes im 19. Jahrhundert. Mit der farbigen „Chromolithographie" konnten farbige Bilder preiswert hergestellt werden als Bilder „für alle", als „Kunstsammlung des kleinen Mannes". 1870 erschienen die ersten Kaufmannsbilder des Pariser Kaufhauses „Au Bon Marché" mit farbigen lithographierten Bildern.[25] 1872 begann die Firma „Liebigs Fleisch-Extract-Company" mit der Herausgabe von Sammelbildern, 1890 folgte der Schokoladenhersteller Stollwerck. Ziel war eine Kundenbindung als Anerkennung für treue Kundschaft, das Serienprinzip erzeugte eine Abhängigkeit und spornte zum stetigen Konsum an. Reklamemarken wie Kaufmannsbilder bekamen die Kunden beim Einkauf. Dienten sie ursprünglich zum Verschließen der Briefe, daher auch der Name Verschlussmarke, wurden sie später gesammelt und in Alben eingeklebt oder wie Briefmarken ohne Zerstörung der Gummierung aufbewahrt. Die anfänglichen Klebealben wurden durch Steckalben abgelöst.[26]

Sammelbilder mit Hinweis auf die vielseitige Verwendbarkeit, um 1902

Liebig's
Fleisch-
Extract
in
Zinn-
tuben
Picknick
Gesetzl. geschützt.
Siehe Rückseite

Liebig's
Fleisch-
Extract
in
Zinn-
tuben
Auf der Radtour
Gesetzl. geschützt.
Siehe Rückseite.

Liebig's
Fleisch-
Extract
in
Zinn-
tuben
Segelyacht.
Gesetzl. geschützt.
Siehe Rückseite.

Liebig's
Fleisch-
Extract
in
Zinn-
tuben
Beim Spazierritt
Gesetzl. geschützt.
Siehe Rückseite

Liebig's
Fleisch-
Extract
in
Zinn-
tuben
Im Manöver
Gesetzl. geschützt.
Siehe Rückseite.

Liebig's
Fleisch-
Extract
in
Zinn-
tuben
In der Sennhütte
Gesetzl. geschützt.
Siehe Rückseite

Veränderungen des Kleinhandels

Der Dorfladen

Unterschiedliche Bezeichnungen wie Kolonialwarenladen, Krämerladen, Kramladen, Handlung, Gemischtwarenladen oder Hökerei umschrieben die wichtigste Einrichtung zur Warenversorgung auf dem Lande: Das Warensortiment umfasste alles, was zum täglichen Leben notwendig war, und einige wenige Luxusgüter für den gehobenen Bedarf. Darüber hinaus waren die Dorfläden nicht nur Umschlagplatz für Waren aller Art, sondern auch für neueste Nachrichten und galten als Treffpunkt der Bevölkerung. Häufig hatten die Läden noch weitere Funktionen wie Postschalter, Tankstelle, Auftragsannahme für Versandhäuser oder Reinigungen.[27]

Die Ladengeschäfte konzentrierten sich auf Produkte, die allgemein und täglich gebraucht wurden, keinen großen Raum einnahmen und länger lagerfähig waren. Kolonialwaren, Landesprodukte und Genussmittel dominierten das Sortiment, Brot, Käse und Butter bildeten wichtige Ergänzungen. Mit dem Aufkommen der neuen Fabrikware traten industriell hergestellte oder veredelte Produkte neben das traditionelle Sortiment und wiesen auf eine allmähliche Verbreiterung des Warenangebots hin.[28]

Heringsfass

Einen Überblick über die Warenstruktur eines Eiderstedter Dorfladens gibt Ernst C. Payns (1888 bis 1975). Er stammte aus Oldenswort und begann im Jahre 1904 in seinem Heimatort eine Lehre beim Kaufmann Wilhelm Jensen. „Dort lagen auf einer niedrigen Bank große Rum- und Kümmelfässer, Fässer mit Essig, mit Sirup und Speiseöl. Unter den Fässern lagen Kisten mit Kautabak aus Hadersleben. In jeder Kiste lag als Beigabe ein kleines Fläschchen mit Tabaksauce, und wenn der Kautabak einmal allzu trocken aussah, wurde er mittels der Sauce wieder ‚auf Hochglanz' gebracht. Nebenan standen Fässer mit Erdfarben wie Königsrot, Ockergelb, Kalkgrün, Kreide. Weiter stand dort ein Faß mit Salzheringen und nochmals ein großes Faß mit grüner Seife. Im Frühjahr lagerten hier zehn bis 15 Sack Soda. Auf einem schweren Gestell lag das große Petroleumfaß, unter dessen Hahn stand eine Dezimalwaage. Ein Pfund Petroleum kostete 13 Pfennig. Am Ende des Lagerraums stand in einer besonderen Kammer der Kaffeebrennofen.

Hier im Lagerraum war also mein erster Wirkungskreis. Bald kam ich hinter den Ladentisch, lernte das Einwiegen, Tüten zumachen, Waren einpacken. Sirup einwie-

Hölzerne Transportkiste für sechzehn 1 Pfd. Pakete

gen war eine schwierige Arbeit, es lief immer mehr in den Topf, als nötig war.
Im Laden sah man hunderterlei Waren. Große Borde mit Porzellan und Steingut, weitere Borde enthielten viele Stapel Kleiderstoffe sowie Leinenwaren, Hosen und Arbeitskittel. Auf einem Tisch lagen und standen auf Ständern Damen- und Herrenhüte, Modelle der Saison 1904. Weitere Borde enthielten Tabak, Zigarren, Kurzwaren und weiße Steinkruken mit Gewürzen. An der Decke hingen Emaillewaren wie Töpfe, Kessel, Eimer, auch Fahrräder. In einem Glasschrank sah man neben verchromten Bestecken und sonstigen Geschenkartikeln das damals so viel gekaufte Nippes aus Porzellan wie Schutzengel, Schäferin usw., auch die damals so gern gekauften Schneestürmer, es waren kleine Glaskugeln mit Landschaften, gefüllt mit Weingeist, und wenn man sie schüttelte, schneite es darin. An der Tür zur Wohnstube hingen Lügumkloster-Pfeifen.
Eine eiserne Wendeltreppe führte zum Boden, dort war ein weiterer Lagerraum. In großen Tonnen lagerten unter anderem Zucker, Reis und Sago, eine große Menge Kisten mit Pflaumen, Rosinen, Korinthen, Säcke mit Rohkaffee, viele Kisten mit Tee. Auf Borden lagen eingepackt Weihnachtssachen, darunter Kisten und Beutel mit Gewürzen."[29]
Payns zählt in seinen Erinnerungen lediglich Stollwerck-Schokolade als Markenware auf, die der Laden direkt ab Fabrik aus Köln erhielt, und verschiedene Tabaksorten, die von Rothmann aus Burgsteinfurth, von Oldenkott und von Gress aus Bredstedt bezogen wurden, Kautabak kam von Hansen aus Hadersleben.[30]

Regalwand mit Schubkästen und Vitrinenschrank, Haus Peters

Auch wenn in diesem Bericht eher das traditionelle Warensortiment eines Dorfladens beschrieben wird und Markenartikel kaum eine Bedeutung zu haben scheinen, so stieg doch in der zweiten Hälfte des 19. Jahrhunderts das Warenangebot beständig an. Führte ein Lebensmittelgeschäft um 1900 etwa 450 Artikel, waren es um 1960 bereits 1400 Produkte. Es wuchsen nicht nur das Warenangebot, sondern auch der Anteil und der Verbrauch industriell gefertigter Konsumgüter. Diese Entwicklung fand auf dem Lande

Werbepappe

aufgrund des höheren Grades der Selbstversorgung abgeschwächter und verzögerter statt. Trotzdem stieg der Prozess der zunehmenden Warenversorgung über den Einzelhandel stetig an.[31]

Die rasche Industrialisierung verlagerte die Tätigkeiten im Kleinhandel. Das Abwiegen und Verpacken wich im 20. Jahrhundert immer mehr dem Verkauf standardisierter Ware, die zu einem erheblichen Teil aus Markenartikeln bestand. Vor dem Ersten Weltkrieg hatten sich die Marken, die schon lange auf dem Markt waren, durchgesetzt wie Maggi, Kathreiner's Malzkaffee, Hoffmann's Stärke, Schulz'sche Putzpomaden, Liebig's Fleischextrakt, Franck's Zichorienkaffee oder Henkel- und Oetker-Produkte. Sie erzielten allerdings erst nach dem Ersten Weltkrieg in nennenswertem Umfang Umsätze. Die Bedeutung der Markenartikel und der industriell gefertigten Waren darf jedoch nicht überschätzt werden, ihre Zeit kam nach der Unterbrechung durch den Zweiten Weltkrieg erst später im 20. Jahrhundert.[32] Aber das Angebot an kolonialen und industriellen Waren weckte Bedürfnisse und schuf einen Kaufanreiz.[33]

Papiertüte mit Oetker-Produkten

Kaufmann und Kunde

Der zunehmende Anteil an Markenwaren veränderte nicht nur Umfang und Struktur des Warensortiments eines Dorfladens, sondern auch das Verhältnis vom Kaufmann zum Kunden. Das verklärte Bild vom Tante-Emma-Laden als dem kleinen Nachbarschaftsladen und Ort persönlicher Begegnung entbehrte des realhistorischen Kerns. Längst waren nicht alle Kunden der Ansicht, in den Einzelhandelsgeschäften gute Ware zu vernünftigen Preisen zu erhalten.

Schaufensterdekoration mit Waschmittelprodukten, Haus Peters

Ein als Karikatur gedachtes Beispiel aus dem ersten Drittel des 19. Jahrhunderts verdeutlicht, dass Verfälschungen von Lebensmitteln mit wertlosen Füllstoffen durchaus an der Tagesordnung waren.
Ein Krämer hält mit seinem Burschen folgendes Gespräch:
„Johann, hast Du Wasser unter den Branntwein gegossen?" – Ja, Herr!
„Hast Du Kreide unter den Farinzucker gethan?" – Ja, Herr! –
„Hast Du kleine Steine und Reiser unter die Rosinen gemischt?" – Ja, Herr!
„Hast Du den Taback angefeuchtet?" – Ja, Herr!
„Nun, so komm' in die Betstunde!"[34]
Delikte um Butterfälschungen auf Wochenmärkten oder auch größere Prozesse um Nahrungsmittelskandale wurden von der örtlichen Presse aufgegriffen.[35] Zichorienkaffee wurde mit Rüben versetzt, Kaffee mit Zichorien, Lupinen oder Sand verfälscht.[36]

Besonders die so genannten „kleinen Leute", die sparsam einkaufen mussten, da Löhne und Gehälter niedrig waren, waren durchaus nicht der Ansicht, dass die Einzelhändler den Preisen entsprechende Qualitätsware boten. Diese Vorbehalte gegenüber verschiedenen Fälschungsmöglichkeiten der offen verkauften und losen Ware bildeten das Einfallstor für die aufkommende Markenwarenindustrie, die bei ihren Produkten gerade mit dem Preis-Leistungsverhältnis und einer gleich bleibenden Qualität und Garantie des Herstellers warb.[37]
Markenwaren veränderten auch das Konsumentenverhalten und zeigten die Ambivalenz in der Entwicklungsgeschichte der Industrieware. Der Vorteil einheitlicher Qualitätsstandards, die auch Gewicht und Größenklassen umfassten, traf bis weit in die zwanziger Jahre auf große Skep-

Pianinos: G. Wolkenhauer—Stettin Gegründet 1853.
Hoflieferant Seiner Majestät des Kaisers und Königs.
Spezialität: Wolkenhauers Patent-Lehrer-Instrumente D. R.-P. No. 125528.

Jede Mutter, welche die gesunde und kräftige Entwicklung ihrer Kinder wünscht, mag sich die zwei Worte merken: Kathreiners Malzkaffee. Das ist in jedem Falle das gesündeste und angenehmste Getränk für die Kleinen! Besonders mit Milch gekocht nehmen es die Kinder dauernd gern, während reine Milch oft bald widersteht und in vielen Fällen überhaupt nicht gut vertragen wird.

Gothaer Lebensversicherungsbank a. G.
Neue Satzung vom 1. Januar 1904:
Unverfallbarkeit vom Beginn der Versicherung an, Unanfechtbarkeit und Weltpolice nach zwei Jahren.
Verwendung der Dividende wahlweise zur Prämienermäßigung oder — ohne neue ärztliche Untersuchung — zur Erhöhung der Versicherungssumme (jährlicher und selbst dividendenberechtigter Summenzuwachs).
Vertreter in Husum: F. Svenningsen.

Liebig's Fleisch-Extract
Das ausgiebigste, daher das billigste.

L. Wiencken,
Filiale Husum, Vertreter: F. Musyal, M. Telle,
empfiehlt seine größte Auswahl in
fertigen Särgen und Leichenkleidern,
sowie Steppdecken.
Uebernahme ganzer Beerdigungen und Transporte. Durch langjährige Erfahrung bin ich in den Stand gesetzt, in solchen Fällen das geehrte Publikum bestens und billigst zu bedienen. Kindersärge von 3 Mark an.
Neu! Desinfektion der Särge durch geruchloses Material unentgeltlich.

Schüler finden freundliche Aufnahme bei H. Hommsen, Norderstr. 46, Anfang März Theodor Stormstraße. Aufsicht bei Schularbeiten kann erteilt werden. Bei persönlicher Nachfrage wird gebeten, die Zeit v. 12—2 Uhr u. nach 4 Uhr zu wählen.

Zum 1. April suche ich einige
Schüler in Pension.
Auch nehme Schüler zum Mittagstisch.
Frau A. Jacobs, Norderstr. 36.

Suche zum 1. Mai einen Platz als
Haushälterin.
Gefl. Off. beförd. d. Exped. d. Bl. [22

Gesucht zu sofort oder zum 1. Mai Küchen-, Stubenmädchen u. Milchmädchen in Flensburg und Umgegend. Frau Jansen, Flensburg, Marienstr. 16.

Junges Mädchen,
am liebsten vom Lande, zum 1. Mai: famil. Stellung und Gehalt gesucht. Off. unt. J. R. a. d. Hus. Wochenbl. [28

Wegen Erkrankun- des zum 1. Mai angenommenen Mädchens suche ich zum 1. Mai ein
ordentliches Dienstmädchen.
Husum. Frau Pastor Rienau.

Suche per sofort oder 1. Mai
einen zuverlässigen Knecht.
J. L'renzen, Bahnhof Ohrstedt.

Ein junger Knecht,
der konfirmiert wird, bei gutem Lohn zum 1. Mai gesucht von
Jacob Thomsen, Arlewatt.

Agenten, Reisende

Das beste Motorrad der Wel
ist unstreitig das
Neckarsulmer Motorrad
Todsichere Zündungsvorrichtung. — Kein Versagen. — Billiger Preis. Angenehmer ruhiger Gang. — Sanfter Auspuffer. — 1 Jahr Garan 4000 Stück im Gebrauch.
Allein'ger Vertreter für die Kreise Husum und Eiderstedt:
Hermann Lütjens, Mechaniker, Husum, Neustadt 2,
Spezialgeschäft für Motorfahrzeuge, Fahrräder, Nähmaschinen, Waffen etc. Große Reparaturwerkstatt.

Globus-Putz-Extract
Man verlange nur
Globus-Putzextract
wie nebenstehende Abbildung,
da viele wertlose Nachahmungen
angeboten werden.
Alleiniger Fabrikant: Fritz Schulz jun., Akt.-Ges., Leipzig.

Empfehle jetzt wieder eine Kur mit meinem beliebten und viel gebrauchten
Lahusen's Jod-Eisen-Lebertran.
Allgemein als der beste und wirksamste Lebertran anerkannt. Wirkt blutbildend, säfteerneuernd, appetitanregend. Hebt die Körperkräfte in kurzer Zeit. Geschmack fein und milde, daher von Gross u. Klein ohne Widerwillen genommen. Letzter Jahresverbrauch über 120 000 Flaschen, bester Beweis für die Güte und Beliebtheit. Viele Atteste und Danksagungen darüber. Preis Mk. 2.30 und 4.60, letztere Grösse für längeren Gebrauch profitlicher. Man hüte sich vor Nachahmungen, daher achte man genau beim Einkauf auf die Firma des Fabrikanten Apotheker Lahusen in Bremen. Zu haben in allen Apotheken. Haupt-Niederlage: Schwan-Apotheke in Husum, sowie Einhorn-(Rats-)Apotheke und Filiale Nordstrand.

Schutzmarke
Als Kaffeezusatz nur
Aecht Franck mit der Kaffeemühle!
200 Gramm netto in Holzkistchen
überall für 15 Pfg. käuflich.
Eine ganz kleine Beigabe genügt!

Das Beste
für die Wäsche ist
Dr. Thompson's Seifenpulver
Marke Schwan.

Viele 1000 Mark

Norddeutscher Lloyd Bremen
Regelmässige Schnell- u. Postdampfer-Verbindungen zwischen
Bremen Amerika
Newyork, Baltimore
sowie nach den übrigen Welttheilen
G. H. Diercks, Husum,
Hans Lüthge, Rendsburg und
Julius Werner, Neumünster.

Zur Anfertigung von
Bauzeichnungen, Kosten-
anschlägen 2c.
empfiehlt sich Joh. Wohlert, Norderstr.

Gut erhaltener Seeländerwagen
als Break und auch als Schlachterwagen zu gebrauchen, steht zum Verkauf bei
P. Jochimsen, Westerende 31.

Husumer Sanitäts-Meiere
empfiehlt von heute ab
präpar. keimfreie
Kindermilc
in hermetr. verschlossenen Flaschen von beständig unter tierärztlicher Kontrolle stehenden Kühen.
Gefl. Bestellungen wolle man im Kontor Norderstraße, oder in meiner Filiale Neustadt 20, event. auch bei meinem Stadtverkaufswage- aufzchen.
Hochachtungsvoll
Elw. Lühr.

— Feinste —
echte Christ. Anchovis
in Tönnchen à 1,80, 2,80 u. 5,00 Mk.,
ausgewogen Pfd. 1,20 Mk.,
Schwed. Anchovis in Dosen
Norweger Anchovis,
lose Pfd. 50 Pf., empfiehlt
A. C. Schierholz.

Ein heller
Dr. Oetker's Backpulver Vanillin-Zucker Pudding-Pulver
à 10 Pf.

Husumer Wochenblatt 28/1904

sis von Kaufleuten und Kunden hinsichtlich Inhalt und Qualität der verschlossenen Packungen, die sich jeder Kontrolle entzogen. Der Konsument vermochte beim verpackten Produkt nicht mehr über Riechen, Probieren oder Fühlen die Qualität der Ware zu beurteilen, sondern musste dem Hersteller glauben.

Markenartikel veränderten auch jahrhundertelange Lebensgewohnheiten. Das Misstrauen gegenüber den industriell erzeugten Produkten, die als Ersatz für altbewährte Verhaltensweisen bei Reinigung, Hygiene und Ernährung dienten, musste über jahrzehntelange Aufklärung des Herstellers abgebaut und Vertrauen zur Marke aufgebaut werden.

Markenwaren, die ohne genaue Warenkenntnis verkauft werden konnten, veränderten auch das Selbstverständnis des Kaufmanns, der einen Teil seiner Beratungsfunktion einbüßte. An Stelle des Vertrauens des Kunden zum Kaufmann und seiner Ware trat das Vertrauen in die Garantie des Markenherstellers. Der Fabrikant warb mit der Brücke des Vertrauens zwischen sich und dem Verbraucher, wobei der Dorfladen als Mittler zwischen Produzent und Kunden fungierte. Für den Kaufmann kam als Nachteil die starke Begrenzung der Kalkulationsfreiheit durch die langsam vordringende Preisbindung für Markenwaren hinzu.[38]

Der Markenartikel konnte sich allmählich durchsetzen, weil er für alle Beteiligten Vorteile versprach. Der Verbraucher durfte sicher sein, unverfälschte und gleichmäßig gute Qualität zu bekommen. Die Vorteile für den Handel lagen in sauber verpackten und gut stapelbaren Waren, die ihm eine auskömmliche Gewinnspanne boten. Der Hersteller bürgte mit seinem Namen für die Qualität. Schließlich kam den Ladenbesitzern zugute, dass der Hersteller mit seiner Reklame für vermehrten und laufenden Absatz sorgte.[39]

Rückseite einer Werbepappe mit Oetker-Produkten

Der gute Geist, Henkelplakat, 1908

Firmen und Marken

Reinigung und Waschen

In Deutschland reinigte man bis in das ausgehende 19. Jahrhundert seine Kleidung mit einem Wurzelaufguss des Seifenkrauts, welches schon im Orient seit dem 10. Jahrhundert für die Reinigung der Kleidung und der Teppiche Verwendung fand.[40] Waschen setzte sich bis in die Anfänge des 20. Jahrhunderts aus mehreren aufwendigen Arbeitsvorgängen zusammen. Über Nacht wurde die Wäsche gründlich in Aschenlauge oder im Sud von Seifenkraut eingeweicht. Dann wurde sie in einer Lauge aus Schmierseife gekocht und mit Hilfe von Wurzelbürste und Waschbrett gründlich durchgewaschen. Anschließend wurde die Wäsche im Dorfteich oder Bach mehrmals nachgespült. Da die Wäsche immer noch nicht richtig sauber war, wurden Laken und Hemden in der Sonne auf dem Rasen gebleicht, um ihnen den optischen Eindruck von Sauberkeit und Frische zu verleihen.[41]

In der weiteren Entwicklung wurden Soda und Seife die Grundbestandteile für die Reinigung der Wäsche und ersetzten weitgehend Asche als Waschmittel. Wäsche wurde in Sodawasser eingeweicht, dann in einem Kessel mit Lauge aus grüner Seife gekocht. Danach wurde die Wäsche auf dem Waschbrett gerubbelt und kam zum zweiten Mal in einen Kessel mit Kernseife zum Nachkochen. Anschließend legte man die Wäsche in einen Zuber mit kochendem Wasser und spülte zweimal kalt nach. Buchenasche als Waschmittel kam nicht ganz aus der Mode und wurde vor allem zum Waschen des frischen Leinens gebraucht.[42]

Mitte des 19. Jahrhunderts suchte man nun Surrogate für Seife und Soda.[43]

Mit der Einführung von Bleichsoda wurde der Waschprozess erleichtert, da die Rasenbleiche entfiel. Mit der weiteren Entwicklung der so genannten selbsttätigen Waschmittel konnte durch deren chemische Zusammensetzung der Waschvorgang noch einmal verkürzt werden, da die Wäsche im Wasserbad bei entsprechender Temperatur und mechanischer Bearbeitung gereinigt wurde.[44]
Die Entwicklung der Hygienevorstellungen, die Kleidung und vor allem die Leibwäsche häufiger zu wechseln, wurde von der chemischen Industrie aufgenommen und unterstützt, die dafür neuartige Waschmittel bereitstellte. Seifen wurden vorher aus Fettabfällen gekocht, doch nun bediente man sich der Industrieprodukte, die wirkungsvoller waren und die Arbeit erleichterten.[45] Die neuen Waschmittel waren kostengünstig und leisteten einen wichtigen Beitrag zur Hygiene und Körperkultur, den sich nahezu alle Bevölkerungsschichten leisten konnten.[46]
In der Geschichte des Waschens war der Übergang vom 19. zum 20. Jahrhundert von besonderer Bedeutung, weil in dieser Zeit maschinelle Hilfsmittel und industriell gefertigte Waschmittel die Reinigung fundamental veränderten. Die Entwicklung der Waschtechnik und der Wäschechemie hat sich in relativ kurzer Zeitspanne revolutioniert, von der Handwäsche über verschiedene mechanische Hilfsmittel, Waschbrett und Wäschestampfer zum Waschvollautomaten, von der Seifenlauge zum Vollwaschmittel. Diese Entwicklung war eingebettet in die Geschichte der Hygiene, der Technisierung des Haushalts und der Veränderung der Textilien zu halb- oder vollsynthetischen Geweben.

Die Plackerei hat ein Ende, Henkelplakat, 1913

Papiertüte für Baabra Wasch- und Bleich-Soda, vertrieben von A. C. Nickelsen aus Friedrichstadt, um 1904

Henkel's Bleichsoda

Im Jahre 1876 gründete Fritz Henkel (1848 bis 1930) zusammen mit den beiden Inhabern der Rheinischen Wasserglasfabrik, Otto Scheffen und Otto Dicker, in Aachen die „Henkel & Cie" (Compagnie). Als erstes Produkt wurde ein „Universalwaschmittel" als Ersatz für Seife hergestellt, das noch keinen Markennamen hatte. Das aus Wasserglas (Natriumsilikat) und Soda zusammengesetzte pulverisierte Gemisch wurde in cremefarbenen 200-g-Paketen für 10 Pfennig verkauft.[47] 1878 verlegte Fritz Henkel den Firmensitz nach Düsseldorf, wo die Produktion auf Bleichsoda umgestellt wurde. Das leicht lösliche Pulver bestand zu 23 Prozent aus Wasserglas, zu 57 Prozent aus kristallierter und zu 20 Prozent aus kalzinierter (wasserfreier) Soda. Es kam in festen Papiertüten zu einem Pfundpreis von 10 Pfennig in den Handel. Der Vorteil des Bleichsodas gegenüber den bis dahin verwendeten Mitteln wie Asche, Kristallsoda oder einfacher Seife lag darin, dass die Wäsche nach dem Waschen keine Vergilbungserscheinungen aufwies, die durch den Eisengehalt des Brauchwassers auftraten. Der Packungsaufdruck „garantiert chlorfrei" wies darauf hin, dass Chlor eine verhältnismäßig scharfe Substanz ist, die das Stoffgewebe angreift.[48]

1883 wurde der Henkel-Löwe im Strahlenkranz vor stilisierter Sonne als Warenzeichen eingetragen und verblieb bis 1961 in abgewandelter Form auf den Verpackungen. Henkel vertrieb seine Produkte in den Jahren vor 1900 mit Reisenden, die etwa viermal zu jedem Kunden kamen. Im Jahre 1896 wurde flächendeckend das Gebiet des Deutschen Kaiserreichs abgedeckt, das Absatzgebiet reichte bis Tondern im damaligen Nordschleswig.[49]

1905 ersetzte Henkel die bis dahin gebräuchlichen Beutel als Verpackungsmaterial für Waschmittel

Husumer Wochenblatt 62/1886

durch feste Pappen mit bedruckter Papierhülle. 1921 erhielt Henkel's Bleichsoda den Markennamen Henko. Es hatte sich wie ein Vollwaschmittel bewährt. Nach Einführung von Persil verlor es allerdings an Bedeutung und war hauptsächlich auf die Anwendung als Einweichmittel beschränkt. Mit den drei Produkten Henko zum Einweichen, Persil für die Vollwäsche und Sil zum Nachspülen, das 1918 in den Handel kam, schuf Henkel die Voraussetzungen für die klassische Waschmethode.[51]

Im Jahre 1885, also neun Jahre nach dem Produktionsstart in Aachen/Düsseldorf, findet sich die erste Anzeige von Henkel's Bleichsoda im Husumer Wochenblatt, zunächst als Textanzeige (6/1885) und wenig später mit der abgebildeten Schutzmarke des Löwen (106/1885). Nachahmungen kamen häufig vor, worin das wesentliche Dilemma der frühen Markenartikel lag. Erst das Markenschutzgesetz von 1874 schuf ein reichseinheitlich geltendes Schutzrecht, 1894 folgte das Gesetz zum Schutz der Warenbezeichnungen.

Charakteristisch für die Anzeigen der meisten Markenartikelhersteller bis zum Ersten Weltkrieg war, dass sie den Verbraucher immer wieder auf Fälschungen und Nachahmungen der Konkurrenz verwiesen. Da Markenware nie lose angeboten wurde, forderten die Hersteller den Kunden auf, auf die Verpackung mit der jeweiligen Schutzmarke zu achten. Mitunter beschuldigten sich die Unternehmen gegenseitig der Fälschungen. So wehrte sich die Sodafabrik Union aus Plön gegen eine Anzeige von Henkel, sie würde das Bleichsoda nachahmen (39/1893).

Bleichsoda wurde daneben im Husumer Wochenblatt von weiteren Firmen beworben, beispielsweise von der Firma Hoffmann & Schmidt aus Leipzig (134/1886). Ein Husumer Kaufmann bot zudem das komplette Sortiment zur Wäschepflege an, darunter Wasch- und Bleichsoda ohne Nennung des Markennamens (94/1881).

Henkel's Wasch- und Bleichsoda mit neuem Namen Henko, 1921 eingeführt, erschien erst im Jahre 1925 im Anzeigenteil des Husumer Tageblatts, zusammen mit dem Henkelprodukt Persil (250/1925).

Waschkraft über Nacht, Henkelplakat, 1958

Persil

Im Juni 1907 erfolgte die Markeneinführung von Persil. Der Name setzt sich zusammen aus **Per**borat und **Sil**ikat, den beiden Bestandteilen des Produkts neben der Seife. Der neue Grundstoff Perborat besitzt die Fähigkeit, Wasserstoffperoxid (Sauerstoff) abzugeben und damit eine Bleichwirkung zu entfalten. Silikat (Wasserglas) reguliert die Freisetzung des Peroxids und steuert und bremst die Alkalität der Waschlauge. Das Natriumperborat, 1898 von der noch jungen Waschmittelchemie entdeckt und von der Deutschen Gold- und Silberscheideanstalt Degussa hergestellt, ersetzte das Bleichen auf der Wiese, war geruchlos und schonte die Textilfasern.[52] Persil bestand zu 15 Prozent aus Natronsalz und zu 85 Prozent aus Spezialseifenpulver, einem Gemisch aus 50 Prozent Bleichsoda und 50 Prozent Seife.[53] Das Waschmittel wurde in einer grün-weiß-roten, aus Strohkarton gefertigten, Packung in den Handel gebracht.

Das Paket zu einem halben Pfund kostete 35 Pfg. und war doppelt so teuer wie die Konkurrenzprodukte mit 10 oder 15 Pfg. Die Werbebotschaften des industriell hergestellten Waschmittels lauteten: keine Hexerei, Arbeitserleichterung, leichte Handhabbarkeit, unbedenkliche Verwendbarkeit, gutes Waschergebnis und gewonnene Freizeit für das Familienleben.[54] Das Waschbrett wurde fast überflüssig.

1922 entwarf der Berliner Maler Kurt Heiligenstaedt (1890 bis 1964) ein Plakat, das Werbegeschichte machte. Bis 1959 war die weiße Dame, je nach Zeitgeist umgestaltet, Werbeträgerin für das Waschmittel Persil, und wurde damit zum Gegenstand der längsten Kampagne in der Werbegeschichte. Die dargestellten Frauen waren stets in Weiß nach der neuesten Mode gekleidet. Sauber und rein galt als Sinnbild für Leichtigkeit, Reinheit, Sanftheit und Unschuld.

Seit 1932 gab es mit Fewa ein Feinwaschmittel auf synthetischer Basis, doch Henkel wagte nach 1950 nicht, ein Grobwaschmittel auf Basis der neuen Rohstoffe zu

Urbild der Weiße Dame, 1922

Unten: Werbepappe mit Slogan von 1913

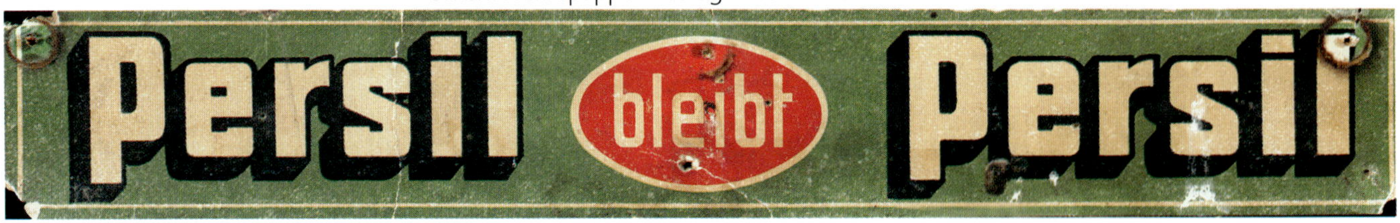

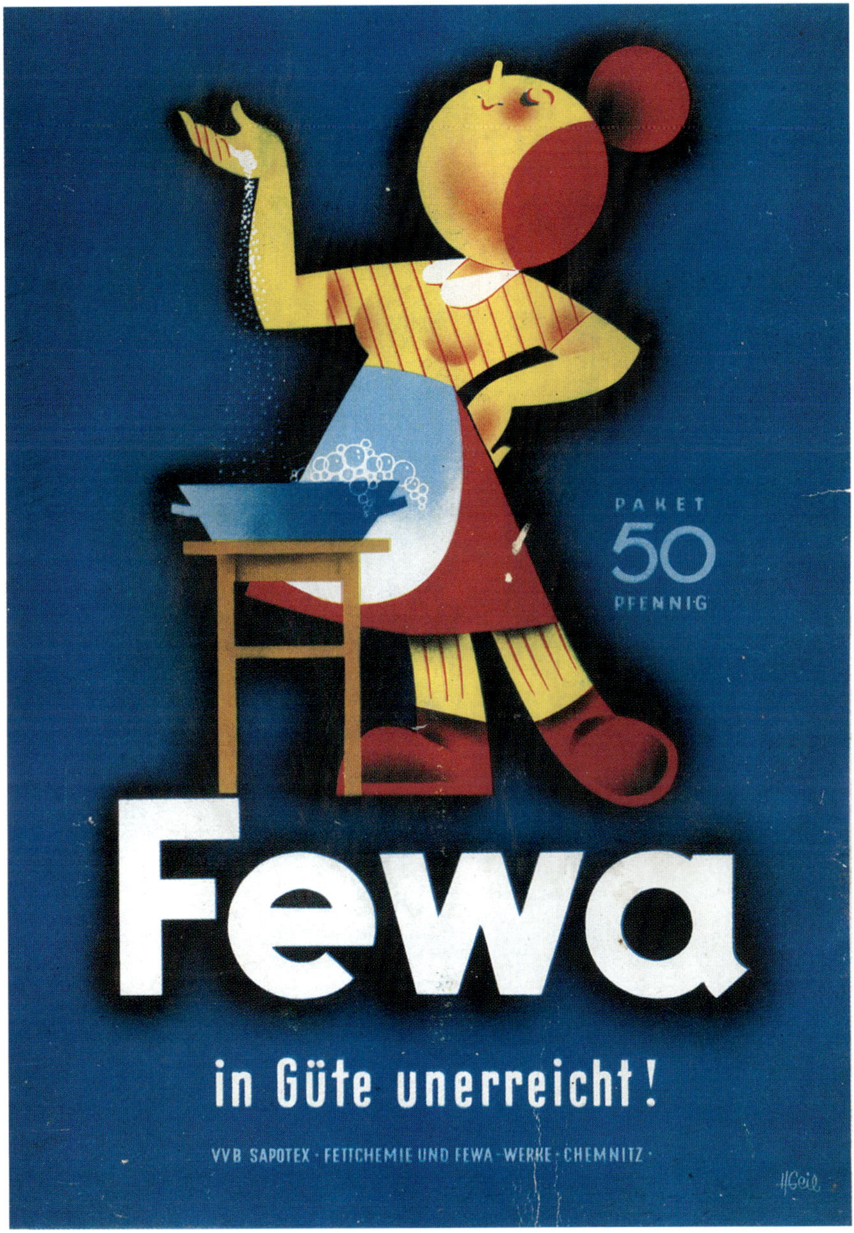

Werbepappe von VVB Sapotex, DDR, nach 1950

Husumer Wochenblatt 143/1909

produzieren. So blieb Persil, als es nach dem Zweiten Weltkrieg wieder auf den Markt kam – zur Zeit des Nationalsozialismus wurden auf staatliche Anordnung Einheitswaschpulver eingeführt – ein Seifenwaschmittel, das mit der klassischen Waschmethode Einweichen, Kochen und Nachspülen warb. Allerdings enthielt es optische Aufheller, um den Weißeindruck der Wäsche zu verstärken. Die Firma Unilever handelte schneller und brachte mit Sunil ein seifenfreies Waschmittel heraus. Seit 1957 erfolgte dann die Umstellung von Persil zu einem Produkt aus synthetischen Waschstoffen – synthetischen anionischen Tensiden, einem Schaumverstärker und einem neuen Duftstoff – dem Persil 59.[56]

Statt der bislang gebräuchlichen Kartonschachtel mit Hüllenblatt wurde im Jahre 1956 Persil in bedruckten und gefalzten Faltschachteln in den Handel gebracht. Wegen der aufkommenden Selbstbedienungsläden stiegen die Ansprüche an die Aufmachung von Verpackungen, und Henkel entwickelte für Persil 59 eine neue Glanzverpackung. 1961 verschwindet der Henkel-Löwe auf den Produkten zugunsten des Henkel-Ovals.

Fast ein Jahr nach der Markteinführung von Persil erscheint zum ersten Mal eine Anzeige im Husumer Wochenblatt als Textanzeige, Persil von Henkel als dem Hersteller von Henkel's Bleichsoda (57/1908). Weitere Textanzeigen folgten, welche die unterschiedlichen Vorzüge des neuen Waschmittels beleuchteten. Im Jahre 1909 wurde auf die Produktpalette verwiesen und die drei Erzeugnisse Henkels vorgestellt: Persil, Dixin und Bleichsoda.[57]

1909 erscheint zum ersten Mal im Husumer Wochenblatt eine halbseitige (138/1909) und

Persil Umverpackung, 1926

wenige Ausgaben später eine ganzseitige Anzeige für Persil (143/1909), die bereits ein Jahr zuvor in den Tageszeitungen in Deutschland veröffentlicht worden war.[58] Die Persilreklame betont stets die selbsttätige Wirkung des Waschmittels (15/1910) und die damit verbundene Arbeitserleichterung (74/1908) sowie den Wascherfolg durch die Verwendung der Farbe Weiß (62/1908). Die angesprochene Käuferschicht waren Wasch- und Hausfrauen, der gehobene Mittelstand sowie deren Arbeitgeber, moderne junge Frauen und Kolonialwarenhändler, die das Produkt verkauften.[59]
Ziel war Aufklärung und Information über die Handhabung und Wirkung des neuen Waschmittels. Der Verbraucher musste überzeugt werden, mit der Tradition des Wäschewaschens zu brechen und zu einer neuen Waschmethode mit neuen Waschmitteln überzugehen. Diese Werbestrategie zieht sich wie ein roter Faden durch das Husumer Wochenblatt. Aufklärung, Information, Hinweise zur richtigen Handhabung und zur Wirkung des Produkts standen bis in die 30er Jahre im Mittelpunkt der Anzeigen, und nicht die graphische oder gar die künstlerische Gestaltung der Annonce. Doch kann eine Entwicklung dahingehend festgestellt werden, dass der Textteil in den Zeitungsanzeigen ab- und Leerräume und graphische Elemente zunahmen.[60]

Der Persil Professor, Husumer Tageblatt 224/1926

Ata

Für die Reinigung der Küche standen neben den Reinigungsmitteln Essig, Salmiak und Petroleum auch Seife, Soda und Sand zur Verfügung. Im Juni 1920 brachte Henkel das Putz- und Scheuermittel Ata auf den Markt, das aus fein gemahlenem Quarzmehl, Soda und Seife bestand. Im ersten Jahr wurden 1800 Tonnen Pulver produziert. Der Preis des 300-g-Pakets lag bei 75 Pfennig. Zunächst wurde Ata in einer Pappschachtel mit bedrucktem Hüllenblatt angeboten. Ab 1924 erhielt das Haushaltsmittel eine neue Verpackung in Form einer Pappgussflasche, die über Jahrzehnte zu einem außergewöhnlichen und typischen Produktmerkmal wurde. In leicht veränderter Form blieb diese bis 1956 auf dem Markt und wurde von der Streudose abgelöst. Danach gab es Ata in stabilen Blechdosen, die wiederum von Kunststoffdosen ersetzt wurden. Auch der Name Ata soll, wie das Reinigungsmittel Imi, auf eine symmetrische Wortbildung zurückgehen: „Ata putzt alles".

1938 kam Ata extra fein in einer großen Flasche mit 600 g Inhalt auf den Markt. Bis zum Zweiten Weltkrieg gab es Ata in den drei Varianten grob, fein und extra fein. 1941 kam noch ein Salmiakscheuerpulver „Ata grob" für besonders starke Verschmutzungen hinzu. Ata enthielt anionische Tenside, Aktiv-Sauerstoff ohne Chlor, den Phosphatersatzstoff Sasil und ein natürliches Reinigungsmineral. Die Zusammensetzung wirkt desinfizierend und desodorierend, löst Fett und bekämpft Verschmutzungen.[61]

Fünf Jahre nach der Produkteinführung von Ata und ein Jahr nach der Umstellung auf die Pappgussflasche erschienen Anzeigen im Husumer Tageblatt, zunächst als Textanzeige (247/1925) und teilweise sogar mit dem alten Schriftlogo aus dem Jahre 1920 (265/1925). Die Abbildung der Ata Streuflasche folgte im Jahre 1926 (31/1926). Hinweise auf die Anwendungsgebiete des Produkts erschienen nicht mehr als Text, sondern als bildliche Darstellung, wie beispielsweise das Scheuern einer Badewanne (53/1927) oder gereinigte Haushaltsgeräte (88/1927).

Pappgussflasche (1924–1956), Strohpappschachteln bis 1956

Imi

Zur Markteinführung von Imi im Jahre 1929 spazierten verkleidete Imi-Männer mit Eimer, Bürste und Prospekten durch deutsche Städte. Allein im ersten Jahr wurden 32 Mill. Pakete verkauft. Die Anregung zur Zusammensetzung und Herstellung des Produkts brachte Hugo Henkel 1928 von einer Amerikareise mit, wo Trinatriumphosphat in Reinigungsmitteln eingesetzt wurde. Das Ergebnis war das Produkt Imi zum Aufwaschen, Spülen und Reinigen in einem grün-weiß-blauen Päckchen.[62] Die Namenbildung soll auf den Ausspruch „In Meinem Interesse" von Hugo Henkel zurückgehen. Die in Imi verwendete Kombination verschiedener Alkalistoffe bewährte sich bei stark fettigen Verschmutzungen auf Kleidungsstücken, Küchengeräten und Haushaltsgegenständen. Im Schweinestall erwies sich Imi als Futterzusatz nützlich. Mit Imi-Spülwasser versetzte Nahrung glich bei Schweinen den Natriummangel aus. Nach dem Zweiten Weltkrieg wurde Imi als Reiniger für den groben Schmutz in Küche und Werkstätte angeboten aufgrund der Kombination von Tensiden und Gerüststoffen mit stark fettlösender Wirkung.[63] Ab 1966 gab es Imi in flüssiger Form.

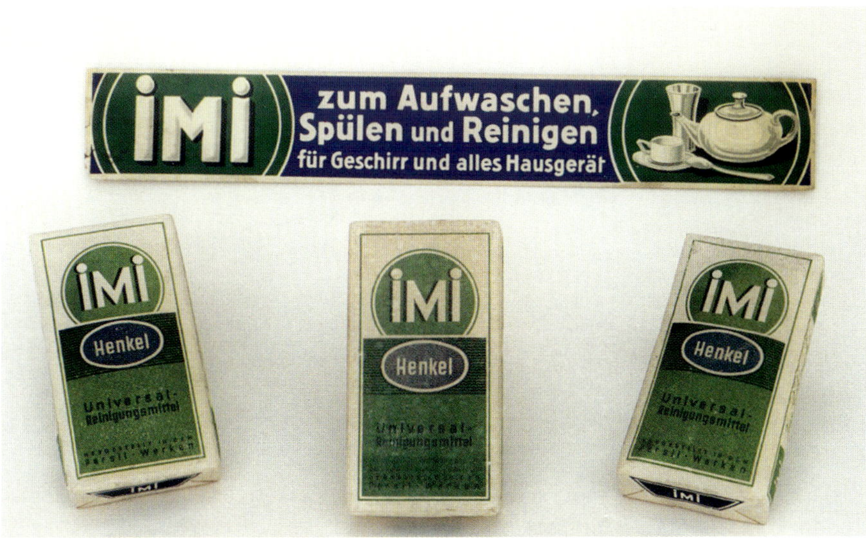

Werbepappe aus den 30er Jahren, Strohpappschachteln, um 1950

Dankbare Dienstmädchen, Henkelplakat 1932

Kartonverpackung 1951

FeWa

1881 eröffnete der Kaufmann Hermann Theodor Böhme (bis 1909) in Chemnitz eine Drogen-, Farben- und technische Handlung.[65] 1902 begann Böhme mit der Produktion von Bohnerwachs unter dem Namen Cirine. Bedeutung erlangte das Unternehmen, weil es das erste synthetische Markenwaschmittel in den Handel brachte, mit dem die seit 1000 Jahren gebräuchliche Seife zum Waschen von Textilien im Haushalt abgelöst wurde. Schon 1928 konnten von der Böhme-Forschung erstmals Fettalkohole anstatt Fettsäuren sulfoniert werden. Damit wurden neue synthetische Rohstoffe mit Waschmittelcharakter geschaffen. Gegen Ende der 20er Jahre entdeckte Dr. Heinrich Bertsch (1897 bis 1981), dass Fettalkoholsulfate dieselbe Waschwirkung haben wie Seife, aber nicht deren Nachteile besitzen. Insbesondere konnte man sie auf einen neutralen pH-Wert einstellen, sodass die Textilfasern nicht angegriffen wurden. Als Ergebnis kam 1932 das Feinwaschmittel Fewa in den Handel. Es besteht aus 35% Fettalkoholsulfat, 2% Fettalkohol, 1% Hexametaphosphat, 5% Wasser, 57% Natriumsulfat. Der

Pril

Von der Henkel-Tochter Böhme Fettchemie wurde 1951 das Geschirrspülmittel Pril in Pulverform in einer blauen Kartonverpackung zum Preis von 68 Pfg. in den Handel gebracht. Als Werbefigur wurde die Ente auserkoren, vom Schweizer Plakatkünstler Herbert Leupin bunt angemalt. In Experimenten konnte nachgewiesen werden, dass Pril-Wasser den Fettpanzer einer Ente aufweichte, den sie sich beim Einreiben des Gefieders aus der Bürzeldrüse angelegt hatte. 1959 kam die flüssige Version des Spülmittels auf den Markt. Pril wurde, wie Fewa auch, auf der Basis von synthetischen, waschaktiven Substanzen entwickelt und enthielt kein Soda, wodurch es besonders mild war.[64] 1965 wurde Pril handmild eingeführt und 1967 Pril rosé, ein cremiges Handgeschirrspülmittel.

Das Waschwunder für Wolle und Seide, Verpackung zwischen 1932 und 1938 mit dem „Wollmännchen" als Werbefigur

Markenname Fewa leitete sich von dem Begriff **Fe**in**wa**schmittel ab. Als Werbeträger auf der Fewa-Packung fungierte zunächst das „Wollmännchen", das 1938 von der Werbefigur der „Johanna" ersetzt wurde. 1939 wurde die Produktion kriegsbedingt vereinheitlicht und Fewa kam – wie andere Markenwaschpulver auch – als „Waschmittel für Feinwäsche" in den Handel. Nach dem Zweiten Weltkrieg zierte die Fewa-Johanna ab 1949 wieder die Waschmittelverpackungen.

1935 wurden von Henkel erste Geschäftsanteile erworben, 1941 erfolgte die vollständige Übernahme. 1945 wurde der Sitz der Böhme Fettchemie von Chemnitz nach Düsseldorf verlegt.

1963 präsentierte sich Fewa in einer neu gestalteten Packung. Eine Reihe neuer synthetischer Textilfasern wie Nylon, Perlon, Dralon oder Orlon sowie die allmähliche Technisierung der Haushalte mit Waschmaschinen erforderte eine Neuzusammensetzung des Waschmittels. 1967 wurde Fewamat für die Maschinenwäsche eingeführt in einer neuen Packung mit dem orange-gelb-grünen Kreis. Seit 1983 gibt es Fewa als Pulver-Variante und in flüssiger Form. Das Waschmittel enthält keine optischen Aufheller und Bleichmittel, ist phosphatfrei und pH-neutral.[66]

Henkelplakat, vor 1956, Reprint

Thompson

1876 war es dem schottischen Chemiker Dr. Richard Thompson gelungen, Seife zu pulverisieren. Thompson begnügte sich mit dem englischen Markt und überließ dem Kaufmann und gebürtigen Schwaben Ernst Sieglin (1848 bis 1927) die Rezeptur und die Rechte, Seifenpulver in Deutschland, Belgien und den Niederlanden zu vertreiben. Dieser nahm 1877 in Aachen die Produktion von Dr. Thompson's Seifenpulver – Marke Schwan auf. 1891 wurde die Firma R. Thompson & Co umbenannt in Ernst Sieglin, Fabrik von Dr. Thompson's Seifenpulver. 1897 wurde die Produktion von Aachen nach Düsseldorf verlegt. 1900 erfolgte der Eintrag des Wortzeichens Schwan für Dr. Thompson's Seifenpulver. 1907 brachte Sieglin als Konkurrenzprodukt zu Persil Dr. Thompson's Ozon-Seifenpulver in den Handel. Nach einem Vertrag mit Henkel, der einen drohenden Rechtsstreit wegen Patentverletzung verhinderte, brachte Thompson ebenfalls ein sauerstoffhaltiges Waschmittel unter dem Namen „Ozonit" auf den Markt, ab 1909 wurde es unter der Marke Ozonil, selbsttätiges Waschmittel, vertrieben (24/35/1909).[67]

Nach dem Tod von Ernst Sieglin 1927 verkauften die Erben das Unternehmen im Jahre 1929 an den Düsseldorfer Konkurrenten Henkel, das nun unter dem neuen Namen Thompson-Werke GmbH Spezialerzeugnisse für den Fußboden- und Möbelpflegemarkt produzierte.[68] 1929 brachte Thompson Schwan-Seifenflocken in den Handel.

1935 übernahmen die Thompson-Werke das Pilo-Werk in Mannheim, einem Hersteller von Schuhcreme. 1936 wurde das Bohnerwachs Gefest unter dem Namen Seifix in den Handel gebracht, der vor dem Ersten Weltkrieg für ein Bleichmittel Verwendung gefunden hatte.

1969 fusionierte Thompson mit einem seiner größten Konkurrenten, den Sidol-Werken Siegel & Co. in Köln, zur Thompson-Siegel GmbH und erwarb die Marken Sidol und Sidolin.

Wiederum erschien mit großer Zeitverzögerung zur Einführung des Produkts, in diesem Fall erst nach elf Jahren, eine Anzeige von Dr. Thompson's Seifenpulver mit Bezugsadressen in Husum (114/1888). Anzeigen mit der Schutzmarke Schwan folgten ab 1896 (25/1896). Thompson ging 1911 dazu über, zusätzlich zur Marke Schwan ein Perborat-Bleichmittel zu verkaufen unter dem Namen „Seifix" (43/1911).

Nach dem Ersten Weltkrieg wurde an die Tradition angeknüpft und mit den Anzeigen im Stil der Vorkriegszeit geworben (31/1922).

Reklamemarken um 1909

(Uni)Lever

Nach erfolgreicher Einführung der Markenkernseife Sunlight 1884 in England gründete 1899 der Brite William Hesketh Lever in Mannheim-Rheinau die Sunlicht-Seifenfabrik AG. Deutsche Teilhaber waren Ludwig Stollwerck von der Schokoladenfirma Gebrüder Stollwerck in Köln, Rudolf Haas von den Zellstoffwerken in Waldhof und Wilhelm Preiswerck aus Basel.

Die Seife, von Anfang an als Markenware in Stückform und verpackt in einer Faltschachtel angeboten, war um 1900 ein universelles Reinigungsmittel für Wohnung, Mensch und Kleidung. 1903 entwickelte Hans Otto Beck, der neue Generaldirektor des Werkes, aus der englischen Marke Sunlight die deutsche Marke Sunlicht. Im Jahr 1907 war das Mannheimer Werk mit 24 Siedepfannen der größte Seifenhersteller des Kontinents. Kernseife blieb das Universalwaschmittel und wurde bei Lever erst 1959 durch die feine Toilettenseife Sunlicht abgelöst. Kernseife hatte nun als Waschmittel ausgedient und wurde ab dieser Zeit nicht mehr in Mannheim produziert. Unilever stellte die deutsche Marke Sunlicht im Jahre 2000 ein.

1911 führte die Sunlicht Seifenfabrik das Putz- und Scheuermittel „Vim" ein, ein Jahr darauf folgten Lux-Seifenflocken, und wiederum zwölf Monate später kam „Nurpur" auf den Markt, eine starke Spezialseife. Das Putzmittel „Vim" bestand aus feinem Quarzmehl, gemischt mit Seifenpulver und Soda und wurde in einer runden, handlichen Streudose als Verpackung angeboten. Das Produkt und die Marke „Vim" wurden im Jahr 2000 von Unilever vom Markt genommen.

1914 verkaufte Lever die Aktien der Sunlicht-Seifenfabrik AG an die Süddeutsche Diskonto-Gesellschaft in Mannheim, um sich, als der Erste Weltkrieg ausbrach, vor der drohenden Zwangsenteignung zu schützen. 1924 kaufte Lever Brothers Ltd. die Mannheimer Seifenfabrik zurück. 1930 zog die Sunlicht Gesellschaft AG nach Berlin.

Seifen- wie Margarinehersteller griffen angesichts rarer werdender tierischer Fette immer mehr auf tropische Ölfrüchte wie Erdnuss oder Kokosnuss als gemeinsame Rohstoffbasis ihrer Produkte zurück. Aufgrund dieses Konkurrenzdrucks näherten sich die beiden Produktionsbereiche, die niederländischen Margarineunternehmen Jurgens und Van den Bergh einerseits und der Seifenhersteller William Lever andererseits, einander an. Die erste Zusammenarbeit erfolgte während des Ersten Weltkrieges, als wegen der Fettknappheit Jurgens in das Seifengeschäft eingestiegen war. 1917/1918 kaufte das holländische Unternehmen in Hamburg und Leipzig Seifenhersteller auf, die zu einem Syndikat zusammengeführt wurden. 1927 fusionierten Van den Bergh und Jurgens zur NV Margarine Unie oder Margarine Union Ltd., und 1929 folgte der Zusammenschluss mit Lever Brothers Ltd. zu Unilever. Es war der bis dahin größte Firmenzusammenschluss der Welt mit etwa 2000 Tochterfirmen.

Nach dem Zweiten Weltkrieg kam Unilever 1955 mit dem modernen Pulverwaschmittel Sunil als erstem seifenfreien Vollwaschmittel auf den Markt, während Henkel, wie oben dargestellt, bei der Wiedereinführung von Persil im Jahre 1950 zunächst bei der Basis als Seifenwaschmittel verblieb.[69]

Hoffmann's Stärke

Reklamemarke, um 1910

1850 begann Heinrich Samuel Hoffmann (1794 bis 1852) mit der fabrikmäßigen Herstellung von Kartoffel- und Weizenstärke in Salzuflen. 1869 produzierte sein Sohn Eduard Hoffmann (1832 bis 1894) als einer der ersten Unternehmer Reisstärke aus Bruchreis. Durch den Import großer Mengen belgischer und englischer Reisstärke gerieten die deutschen Weizenstärkefabriken unter großen Konkurrenzdruck, zumal sich das Reisprodukt wachsender Beliebtheit erfreute. Das Steifen und Stärken der Wäsche waren in England in Mode gekommen, sodass die Stärkeindustrie sich dort rasch entwickelte. Hinzu kam, dass die Reisstärke als Appreturmittel weitaus geeigneter war als die einheimische Kartoffel- und Weizenstärke, da Reis die kleinsten Stärkekörner liefert, die das Gewebe gleichmäßig zu durchdringen vermögen und elastisch machen.[70] Reisstärke ist ein Naturprodukt, das sich bei Kindern und Schwangeren großer Beliebtheit als Bonbon erfreute und auch beim Anrühren von Pudding Verwendung fand.

1876 führte Eduard Hoffmann eine $^1/_4$-Kilo-Kartonverpackung der Reisstärke ein, die bis dahin nur lose verkauft wurde. Der neue Markenartikel Hoffmann's Stärke war mit dem Namen des Herstellers und der einprägsamen Schutzmarke einer pfotenleckenden Kat-

Kartonverpackung mit Fabrikansicht und Gebrauchsanweisung

ze verbunden. Der Originalentwurf stammt von dem Illustrator Fedor Flinzer (1832 bis 1911). „Die Katze als Sinnbild der Reinlichkeit schützt Hoffmann's Stärke seit alter Zeit."[71]
1887 fand die Umwandlung der Firma E. Hoffmann & Co. in eine Aktiengesellschaft statt als Folge der Übernahme der Firma W. Rickmers & Co. in Hannoversch-Münden. Weil Bruchreis von den Weltmärkten nicht mehr bezogen werden konnte, wurde 1938 eine Kartoffelstärkefabrik in Betrieb genommen, die systematisch die Erzeugung von Pudding- und Stärkemehlen aus der Kartoffel betrieb. 1972 wurde die Produktion eingestellt. 1981 erfolgte die Übernahme der Aktienmehrheit durch die Ciba-Geigy AG, Basel. Seit 1985 befindet sich Hoffmann's Stärke im Besitz der englischen Firma Reckitt & Colman PLC, einem weltweit tätigen Hersteller von Haushaltsreinigungsmitteln, Gesundheits- und Körperpflegeprodukten. 1990 erfolgte die Einstellung der Produktion in Bad Salzuflen.
Die Hoffmann Stärkeprodukte fanden sich nicht im Anzeigenteil des Husumer Wochenblatts, wohl aber die Erzeugnisse der Konkurrenzunternehmen, und dies zeigt, wie beliebt der Gebrauch von Glanzstärke in nordfriesischen Haushalten war. Es finden sich u. a. Annoncen der Firma Fritz Schulz jun. aus Leipzig, bekannt geworden durch ihr umfangreiches Sortiment an Putzmitteln (93/1879), der Firma Heinrich Mack aus Ulm (119/1884) oder W. Rickmers & Co. aus Hannoversch-Münden (46/1887).

Wäsche-Glanz-Balsam der Firma Michel & Rudolph, Berlin, London, New York, Erfinder und alleinige Fabrikanten mit inliegender Gebrauchsanweisung, vor 1900

Hygiene und Kosmetik

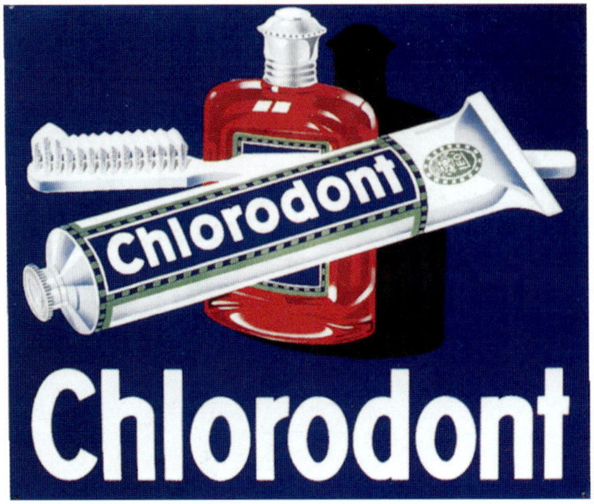

Hygiene war um 1900 noch ein relativ junges Wissensgebiet. Erst mit der Entdeckung verschiedenster Krankheitserreger durch Louis Pasteur (1822 bis 1895), Rudolf Virchow (1821 bis 1902), Max von Pettenkofer (1818 bis 1901) und Robert Koch (1843 bis 1910) wurden die wichtigsten Seuchen bekämpft. Mit der wissenschaftlichen Erforschung der Bakterien und deren Lebensbedingungen wurden zunehmend der Mund, die Mundhöhle und die Zähne als Nährboden kleiner Spaltpilze erkannt. Diese Erkenntnisse führten dazu, dass der hygienischen Pflege des Mundes und der Zähne erhöhte Aufmerksamkeit gewidmet wurde.

Die Zahnbürste tauchte in Europa im frühen 18. Jahrhundert auf, in China soll sie bereits im 16. Jahrhundert gebräuchlich gewesen sein. Doch zunächst gehörte sie zu den kostbaren Utensilien des Adels. Vor der Erfindung der Zahnbürste kannte man als Säuberungsmittel den Zahnstocher, der schon von den Römern genutzt wurde. Er wurde aus Federn, Bronze oder Holz hergestellt. Man reinigte die Zähne mit einfachem Wasser oder benutzte etwas Minze oder Rosenblätteröl zur geschmacklichen Verbesserung.

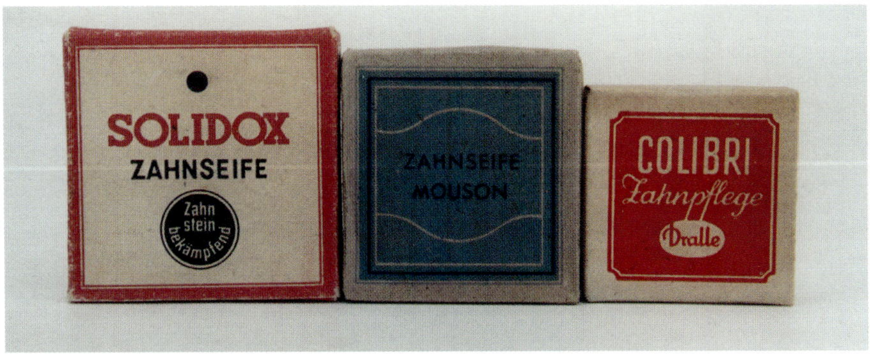

Zahnseifen verschiedener Hersteller, nach 1945

Regelmäßige Zahnpflege und Mundhygiene spielten in der Zeit vor 1900 eine untergeordnete Rolle. Die heute praktizierte Reinigung und Prophylaxe durch bestimmte Wirkzusätze waren unbekannt. Dabei konnten Drogisten und Apotheker ihrer Kundschaft bereits verschiedene selbst gemischte Zahnpulver, Zahnseifen und auch Mundwasser anbieten. Letztere erfreuten sich großer Beliebtheit, da sie leicht anzuwenden waren und einen spürbar frischen Atem bescherten.[72]

Die Stadt Dresden hatte sich in den 1920er Jahren zu einer Hochburg der Dental-Industrie entwickelt. Die Leo-Werke, die Lingner-Werke und die Max-Elb-KG produzierten ihre Hausmarken Chlorodont, Odol und Biox-Ultra. Daneben entwickelte sich die Stadt zu einem Zentrum der modernen Gesundheits- und Hygieneerziehung. Mit persönlichem und finanziellem Engagement Lingners wurden 1911 in Dresden die 1. Internationale Hygiene-Ausstellung und 1930 das Hygiene-Museum eröffnet.[73]

Mit den Werbemaßnahmen betrieb die Dental-Industrie gezielte Volksaufklärung in einer Zeit, in der Mundhygiene keine Rolle spielte. Damit leistete sie einen Beitrag zur Herausbildung eines allgemeinen Hygienebewusstseins.[74]

Gesundheitsvorsorge wurde zum Programm. Lingner brachte 1893 mit Odol ein neues Produkt auf den Markt, das antiseptische Mundwasser. Die Mundspülung mit Wasser, vermischt mit zerriebener Minze, mit Wein und Asche war seit der Antike bekannt. Mundwasser gab es seit den 70er Jahren des 19. Jahrhunderts, sie waren jedoch nicht auf antiseptische Wirkung ausgerichtet und bestenfalls als Kosmetika einzustufen. Doch ein Zahnpflegemittel, dass die Bildung von Bakterien und Bazillen in der Mundhöhle zu verringern versucht, war bis dahin unbekannt.[75] Im 19. Jahrhundert ging man dazu über, Zahnpulver zu benutzen, dessen Reinigungswert heute als unwirksam angesehen wird. Die Zahncreme, wie sie heute gebräuchlich ist, wurde erst Ende des 19. Jahrhunderts entwickelt.

1896 kam „Kalodont"-Zahncreme auf, die erste Zahnpasta in der Tube, entwickelt von der Berliner Firma Carl Sarg. Es war eine Glycerinzahnseife, bestehend aus Seifenpulver, Glycerin, Kreidepulver und gebrannter Magnesia. Die Seifen-Glycerin-Paste der Firma Beiersdorf, „Florisal", war die erste industriell hergestellte und in Zinntuben abgefüllte Zahnpasta in Deutschland.[76]

Produkte der Hygiene und Kosmetik erschienen im Anzeigenteil des Husumer Wochenblatts als Erzeugnisse der Medizin wie in der Annonce mit Prof. Roye's Präparaten-Zahnpasta, Mundwasser und Zahnpulver (77/1882). Die Werbung hatte einen erzieherischen Anspruch, Hautcreme, Mundwasser und andere Kosmetika zur Körperpflege zu verwenden.[77]

Odol-Werbung, Postkarte, um 1900

Werbepappe, um 1930

Schwarzkopf

Im Jahr 1898, als man sich die Haare entweder mit Kernseife wusch oder teure Öle verwandte, eröffnete der Chemiker Hans Schwarzkopf (1874 bis 1921) in Berlin-Charlottenburg eine Drogerie- und Parfümeriehandlung. Fünf Jahre später, 1903, brachte der Unternehmer das erste Haarwaschpulver auf den deutschen Markt, ein Pulvershampoo, mit dem man sich schnell und einfach die Haare waschen konnte. Der Preis betrug 20 Pfg. Ein Jahr später wurde der schwarze Kopf als Warenzeichen beim Reichspatentamt eingetragen. 1904 belieferte Schwarzkopf bereits sämtliche Berliner Drogerien. Die Haarpflegegewohnheiten wurden von seinen Produkten entscheidend geprägt. 1907 umfasste die Produktpalette der Firma drei Sorten Shampoo, Ei, Teer und Kamille, sowie Zahnpulver, Lilienmilchseife, Trockenhaarwäsche und Gesichtstücher zum Abschminken. 1911 erweiterte sich das Sortiment auf zehn verschiedene Shampoosorten, 1912 kam ein Rasierseifenpulver hinzu.

Nach dem Ersten Weltkrieg begann Schwarzkopf im Jahre 1925 wieder mit der Produktion und Vermarktung von Trockenhaarwäsche im Puderbeutel. 1927 brachte das Kosmetikunternehmen das erste flüssige Haarshampoo der Sorten Kamille und Teer auf den Markt. 1932 folgte das erste alkalifreie Haarwaschmittel, Onalkali, das aggressive Haarreinigung und

Reklamemarken, um 1913

Kalkablagerungen am Haar verhinderte, sowie das erste seifenfreie Shampoo Schwarzkopf extramild. 1934 kam das Haarwasser Seborin auf den Markt.
Nach dem Zweiten Weltkrieg wurde 1949 Schauma Shampoo in den Handel gebracht und 1955 das erste Haarspray, „Taft", das im allgemeinen Sprachgebrauch zum Synonym für Haarspray wurde. Als erster der großen Kosmetikkonzerne stellte Schwarzkopf 1980 seine Sprays auf FCKW-freie Treibmittel um. Seit 1995 ist Schwarzkopf eine hundertprozentige Tochter des Chemie-Konzerns Henkel.
Fünfzehn Jahre nach Produkteinführung erschienen im Jahre 1913 Annoncen mit der Anwendung von Schwarzkopf-Shampoon (226/1913) im Husumer Tageblatt.

Beiersdorf

Im März 1882 erlangte der Hamburger Apotheker Paul Carl Beiersdorf (1836 bis 1896) das Patent zur Herstellung medizinischer Pflaster, die Arzneistoffe enthielten. Auf Anregung des Arztes Paul Gerson Unna (1850 bis 1929) hatte Beiersdorf Pflastermulle auf der Basis von Guttapercha entwickelt, dem Milchsaft einer malaiischen Baumart, der sich für die Herstellung von Pflastern und Verbandsmaterial eignete. Das Guttaplast-Pflaster bedeutete einen Meilenstein in der Geschichte der Wundversorgung.
Im Jahre 1890 erwarb der aus dem schlesischen Gleiwitz stammende Apotheker Oskar Troplowitz (1863 bis 1918) das Laboratorium von Paul Beiersdorf. Nach der Entwicklung von Guttapercha-Pflastermull führte Troplowitz 1901 das

Veränderung des Designs für Nivea mit blauer Verpackung und weißem Schriftzug, 1925

Nivea-Produkte um 1912 im gelbgrünen ornamentalen Jugendstil

erste weiße Zinkoxid-Kautschuk-Pflaster ein und gab ihm den Namen „Leukoplast", das weiße Pflaster. Es war das erste selbstklebende Pflaster, das die Haut bei der Anwendung nicht mehr reizte, da die Klebemasse mit Zinkoxid angereichert war. Daraus entwickelte sich 1922 Hansaplast, das zusätzlich mit einer Wundauflage und einer Schutzabdeckung versehen wurde, der erste Pflaster-Schnellverband.
Neben grundlegenden Entwicklungen im Bereich der Wundversorgung profilierte sich das Unternehmen mit der Marke Nivea auch in der Sparte Haut- und Körperpflege.
Im Jahr 1911 entdeckte Isaac Liefschütz einen aus Schafswollfett gewonnenen Emulgator, der es erstmalig ermöglichte, Fett und Wasser zu einer stabilen Emulsion zu vereinigen. Diese nannte er Eucerin, das schöne Wachs. Oskar Troplowitz nutzte den Emulgator für kosmetische Cremes, um Wasser und Öl zu einer weißen Paste zu verrühren. Hinzu kamen Glyzerin, Zitronensäure und zur Parfümierung Maiglöckchen- und Rosenöl. Troplowitz nannte die neue Creme Nivea, abgeleitet vom lateinischen „nix, nivis", der Schnee, oder „niveus", schneeweiß, einem Synonym für Reinheit. Den Markennamen hatte der Unternehmer bereits im Jahr 1905 für eine weiße Seife eintragen lassen, die kurzzeitig blauweiß mit weißem Nivea-Schriftzug in geschwungener Schreibschrift verpackt war, dann jedoch in eine beigegrundige Packung mit typischen floralen Schmuckelementen des zu der Zeit vorherrschenden Jugendstils wechselte. Als Nivea, die Schneeweiße, im Dezember 1911 auf den Markt kam, war es die erste Fett- und Feuchtigkeitscreme. Das Produkt wurde zunächst in gelben Aluminiumdosen verkauft, die im zeitgenössischen Jugendstil mit grünen Ornamenten und Blütenranken verziert waren.
Die neue Creme brachte dem Unternehmen nicht den erwünschten Verkaufserfolg, sodass die Firmenleitung beabsichtigte, die Creme unter dem Namen Pebeco weiterzuführen, eine erfolgreich laufende Zahnpastamarke der Firma. Stattdessen wurde im Jahr 1925 die Verpackung verändert, die zuvor im Jugendstil gehaltene gelbgrüne Aluverpackung durch die blaue Dose mit dem weißen Nivea-Schriftzug ersetzt. Damit reagierte Beiersdorf mit der Symbolkraft der beiden Farben Blau und Weiß auf den Zeitgeist der 20er Jahre mit der beginnenden Freikörper-Kultur, dem Wunsch nach Bewegung an frischer Luft und sonnengebräunter Haut. Während des Zweiten Weltkrieges musste vorübergehend auf die blau-

weiße Blechdose verzichtet werden. Stattdessen gab es Nivea in einer innen imprägnierten Pappdose.
Der dritte Unternehmensbereich von Beiersdorf waren Klebebänder und Klebetechnologie. 1896 erfand Oskar Troplowitz den „Beiersdorf-Kautschuk-Klebefilm". Im Jahr 1897 brachte das Unternehmen „Cito" heraus, das „Sport-Heftpflaster für Radfahrer, Reiter & Touristen", anzuwenden zum Dichten von Luftreifen wie als Schutzverband bei Verletzungen. 1936 erhielt der Klebefilm den Namen „Tesa" – zusammengesetzt aus den Namensbestandteilen der Beiersdorf-Kontoristin Elsa Tesmer. Tesa hat sich wie Nivea für Haut creme zum Gattungsbegriff für Klebestreifen im allgemeinen Sprachgebrauch durchgesetzt.[78]
Erst nach dem Ersten Weltkrieg, im Jahre 1920, tauchten Werbungen der Firma Beiersdorf im Husumer Tageblatt auf. Sehr bescheiden in kleinen Textanzeigen warb Beiersdorf für sein erfolgreiches Produkt, die Zahnpasta Pebeco (174/1920), die seit etwa 1895 von Ärzten und Zahnärzten für Mund und Zähne empfohlen wurde. Nivea spielte noch eine untergeordnete Rolle, sie wurde beworben als Produkt des Herstellers der Zahnpflege Pebeco (252/1920).[79]

Reklamemarken der Pflegeprodukte der Vereinigten Chemischen Werke, Berlin-Charlottenburg, gegründet von Bruno Jaffé (1848–1923), später Schering AG, um 1900

Odol

Reklamemarke, um 1900

In der Chemischen Fabrik von Heyden in Radebeul schuf Dr. Richard Seifert die Grundlagen für die Salicylsäuresynthese und damit die chemische Basis für die allermeisten Desinfektions- und Schmerzbekämpfungsmittel, von Aspirin bis Odol. 1885 entwickelte er das Desinfektionsmittel Salol. Karl August Lingner (1861 bis 1916), Mitinhaber der Firma Lingner & Kraft, ein Kleinbetrieb für Haushaltsartikel, erhielt die Rezeptur einer salolähnlichen Substanz zur gewerblichen Nutzung, das spätere Odol-Antiseptikum, eine keimabtötende Lösung.
1892 gründete Lingner das Dresdner Chemische Laboratorium Lingner GmbH und begann mit der Odol-Produktion.[80]
Das Mundwasser Odol ist ein in Alkohol gelöstes Antiseptikum, gemischt mit Pfefferminz, Menthol, Anis, Nelkenöl und Lavendel.[81] Die Marke Odol wurde 1882 patentrechtlich geschützt, die Odol-Seithalsflasche aus weißem Opalglas mit dem geknickten Hals und dem blauen Etikett im Jahre 1906. Der Name Odol geht auf eine Wortkombination, aus dem griechischen odous/odontos (Zahn) und dem lateinischen oleum (Öl) zurück. Der Name ist kurz und einprägsam und klingt in allen Kultursprachen gleich. Name und Flaschenform haben sich seit 1892 mit leichten Variationen nicht wesentlich geändert.[82]
Lingner zeigte sich außerordentlich interessiert an Fragen der Hygiene, Mikrobiologie und gesundheitlichen Aufklärung der Bevölkerung. 1909 richtete er eine bakteriologische Abteilung in den Chemischen Laboratorien Lingner ein, die als Keimzelle des Sächsischen Serumwerkes Dresden gilt. In wenigen Jahren entwickelte sich die Firma zum bedeutendsten deutschen Hersteller von Sera und Impfstoffen.

Annonce, um 1928

Nach dem Zweiten Weltkrieg wurde die Odol-Herstellung sowohl bei Elbe-Chemie Dresden als auch bei Lingner und Fischer in Düsseldorf und später in Brühl in Baden wieder aufgenommen. 1974 fusionierte die Firma Lingner in Düsseldorf mit der Büroartikelfirma Fischer in Brühl, deren Firmenchef August Fischer 1932 den UHU Alleskleber entwickelt hatte, und ist heute ein Unternehmen der GlaxoSmithKline-Gruppe.
Obwohl in der Fachliteratur der außergewöhnlich hohe Werbeaufwand Karl Lingners für seine Produkte herausgestellt wird, dass keine Plakatwand und keine Zeitung dieser Zeit ohne Odol-Reklame geblieben sei,[83] findet sich im Husumer Wochenblatt keine Anzeige mit dem Mundwasser Odol, wohl aber solche des Konkurrenzprodukts Chlorodont der Leo-Werke Dresden ab 1924.

Illustrierte Zeitung, Leipzig 1928

Chlorodont

Der Apotheker Ottomar Heinsius v. Mayenburg (1865 bis 1932) entwickelte 1907 in einem kleinen Laboratorium der Dresdner Löwen-Apotheke die Chlorodont-Zahnpaste, eine Verbindung von Zahnpulver und Mundwasser. Die Zahnbleichcreme enthielt Bimssteinpulver, Kalziumkarbonat, Seife, Glyzerin sowie Kalziumchlorat (Chlorkalzium). Als Grundmaterial diente Naturkalkstein, welcher auf chemischem Wege in ein mikroskopisch feines Pulver umgewandelt wurde. Hinzu kamen ätherische Öle und sauerstoffhaltige Salze, um den Speichelfluss anzuregen, welcher die Zähne auf natürliche Weise schützt. Pfefferminz verhalf zu einem frischen Geschmack. Die Chlorodont-Zahnpaste erhielt eine ansprechende Verpackung, eine bedruckte Tube in einer blau-grün-weißen Faltschachtel, umrahmt von der für alle Leo-Produkte charakteristischen grün-blau-karierten Linie. Hinzu kam das siegelartige Firmensignet mit dem Löwenkopf.[84]

Die Leo-Werke entwickelten sich im Jahre 1924 zum größten europäischen Zahncremehersteller. Das Produktionsprogramm umfasste Mund- und Zahnpflegemittel, Kosmetika und pharmazeutische Spezialitäten, darunter die Leo-Creme und Leo-Pillen.

Das Unternehmen bemühte sich in der Folgezeit um eigene Rohstoffquellen. So betrieben die Leo-Werke in Siebenbürgen große Pfefferminzplantagen und erwarben 1926 die Calcium AG Ulm, die am Ufer der Donau große Vorkommen von besonders feinem Naturkalkstein abbaute.[85]

Im Juni 1945 verlegte die Heinsius von Mayenburg Verwaltungsgesellschaft den Hauptsitz der Leo-Werke nach Frankfurt a. M. In der DDR wurden 1952 die Leo-Werke verstaatlicht und das Unternehmen in VEB Chlorodont-Leo umbenannt. Es produzierte neben den klassischen Chlorodont- und Leo-Produkten auch die früheren Konkurrenzprodukte von Lingner wie Odol, das Rasierwasser Pitralon und den Jodersatz Sepso.[86] 1957 erfolgte die Verschmelzung mit dem früheren Konkurrenten Max-Elb-KG zur VEB Elbe-Chemie. Nach der Wende 1990 wurde der Betrieb in die Dental-Kosmetik GmbH umgewandelt und 1992 erfolgte die Übernahme durch eine Unternehmensgruppe aus München.[87]

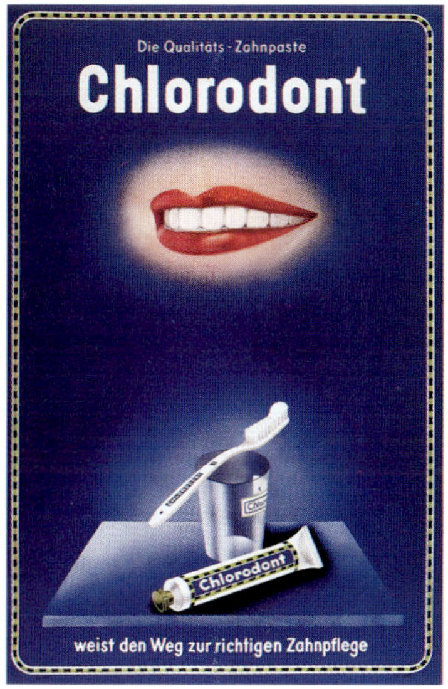

Plakat, 1931

In der Werbung für Pflegeprodukte trat der enge Zusammenhang von Gesundheit und Schönheit auf. Hygiene beförderte Reinlichkeit und Schönheit und wurde zu einem Bestandteil der Kultur. Ästhetisches Empfinden wurde dem zugestanden, der die Reinlichkeitsregeln befolgte, der weder durch Mundgeruch noch durch schlechte Zähne auffiel. Mit dem Ersten Weltkrieg ging das bürgerliche Zeitalter zu Ende, die neue Gesellschaftsschicht der Angestellten prägte das Bild der Städte. Gutes Aussehen und Gepflegtheit, Kleidung und Körperpflege wurden zu berufswichtigen Faktoren.

Im Husumer Tageblatt tauchen Anzeigen von Chlorodont erst nach dem Ersten Weltkrieg auf. Im Jahre 1924 startete Chlorodont eine Serie, kleine schwarz-weiße Textanzeigen über üblen Mundgeruch (109/1924) oder missfarbene Zähne (112/1924). Es folgten größere Anzeigen wie Utensilien für die Reise (150/1924) oder über Schönheitsfehler des Mundes wie Zahnstein, Zahnbelag und Mundgeruch (204/1924).

Nahrungsmittel

Die Industrialisierung veränderte die Arbeitsbedingungen und Lebensgewohnheiten der Menschen, die in die Städte strömten, um in den Fabriken Arbeit zu finden. Ihre Ernährung war nicht ausgewogen und häufig von Unterernährung gekennzeichnet, die vor allem zu Eiweißmangel führte. Krankheiten und hohe Kindersterblichkeit waren die Folge. Die schwere körperliche Fabrikarbeit in geschlossenen Räumen bei oft hohen Temperaturen und wenigen Pausen erforderte eine leicht verdauliche, andererseits anhaltend sättigende, eiweiß- und fettreiche Nahrung, die zudem preiswert war und – angesichts der Erwerbstätigkeit vieler Frauen – eine kurze Zubereitungszeit benötigte.
Als eine der ersten Reaktionen auf die veränderten Erwerbs- und Wohnstrukturen seit Beginn der Industrialisierung hatten Liebig, Maggi und Knorr Fleischextrakte, Bouillonwürfel und Speisewürzen auf den Markt gebracht Diese Erfindungen rundeten neben der Konservenindustrie das Bild der neuen Nahrungsmittelindustrie im 19. Jahrhundert ab.[90]
„Liebig's Fleischextrakt" wurde billig und in großen Mengen aus dem Fleisch südamerikanischer Rinder hergestellt. Julius Maggi erfand eine Trockensuppe aus Hülsenfrüchten und bereicherte die Speisenzubereitung mit der Suppenwürze.

Husumer Wochenblatt 47/1893

Husumer Wochenblatt 123/1906

Nahezu zeitgleich mit Liebig schufen Carl Heinrich Knorr und seine Söhne die „Erbswurst". Dieses waren Nahrungsinnovationen, da sie den Kochvorgang verkürzten, als Entlastung der Hausfrau dienten, aber ebenso eine ausreichende Nahrungsversorgung der schnell wachsenden Bevölkerung in Aussicht stellten.[91] Die Lebensmittel aus der Fabrik dienten auch der Verbesserung der Grundversorgung minderbemittelter Arbeiterhaushalte.[92]
Während Fleischextrakt und Suppenwürzen noch als Hilfsmittel und Geschmacksverstärker rangierten, nahmen die Päckchensuppe und die Fertig-Bouillon als arbeitssparende und den Rationalisierungstendenzen moderner städtischer Haushalte entgegenkommende Nahrungsmittel für die berufstätige Frau eine Vorreiterrolle ein.[93] Die Nahrungsmittel erhielten zu ihrer massenhaften Produktion mit der Verpackung eine neue Präsentationsform. Die Kenntnisse über Essbares wurden von der Nahrungsmittelindustrie über Aufklärung und Werbung erweitert.[94]

Margarine und Kornkaffee waren klassische Beispiele, deren Hersteller um das soziale Ansehen ihrer Produkte bemüht waren. In ihren Werbemitteln zeigte sich, dass sie zum einen das Imitationsbedürfnis unterer sozialer Schichten nutzten, die sich an den Konsumgewohnheiten der gesellschaftlichen Elite orientierten. Die einfache Hausfrau begab sich durch die Wahl des Speisefetts in die gute Gesellschaft der gehobenen bürgerlichen Schichten.[95] Zum anderen zielte die Werbung mit Blick auf das gehobene Bürgertum darauf ab, den gestiegenen sozialen Stellenwert der Fettprodukte zu betonen, ihnen das abträgliche Image eines Ersatzstoffes zu nehmen. (127/1907)[96]
Neben dem Versuch, mit Werbemitteln das Sozialprestige zu heben, wurde die Natürlichkeit der Fabrikate und die Nähe zum Naturerzeugnis betont. Auf dem Rahma-Plakat (1924) durften Kuh und melkfrische Milch als Symbole für Natürlichkeit und Frische nicht fehlen. Assoziationen zum Konkurrenzprodukt Butter waren erwünscht.[97]
Ein weiteres Leitbild war das der sparsamen Hausfrau, die angesichts steigender Kosten preiswerte und nahrhafte Speisen zubereiten musste. (27/1911)

Drei Damen der Gesellschaft, Anzeige des Werbegrafikers Ivo Puhonny für die Firma Heinrich Schlinck aus Mannheim, Husumer Wochenblatt 127/1907

Liebig

Seit etwa 1830 wurde Fleischbrühe durch Verdampfen zu Mus verdickt. In getrockneter Form wurden diese „Bouillontafeln" als Schiffsproviant und für Rekonvaleszente in Apotheken verkauft. Justus von Liebig (1803 bis 1873) und sein Schüler, der Arzt und Apotheker Max Pettenkofer (1818 bis 1901) experimentierten seit 1860 in der Münchener Hofapotheke an der Herstellung des Extrakts.
Zerkleinertes, möglichst fettfreies Rindfleisch, etwa 30 kg für 1 kg Fleischextrakt, wird in heißem Wasser bei 70 ° C ausgelaugt, filtriert und im Vakuum eingedampft. Fleischextrakt ist ein appetitanregendes Produkt aus Fleischbasen und Mineralstoffen. Obwohl sich die Erwartungen an den Nährwert nicht erfüllten, machte der Fleischextrakt Karriere als Grundlage für Brühen und als Geschmacksverbesserer für Suppen und Saucen.
1863 sicherte sich der Hamburger Ingenieur Georg Christian Giebert die Rechte an dem Verfahren und startete im Rinderzuchtland Uruguay die industrielle Produktion von „Liebig's Fleischextrakt". In Südamerika fielen bei der Herstellung von Fellen große Rindfleischmengen als billiges Nebenprodukt an. In Fray Bentos in Uruguay wurden große Fleischfabriken gebaut, die ab 1864 jährlich das Fleisch von 150 000 – 200 000 Rindern zerkleinerten. Das von Fett befreite, eingedampfte und in Büchsen gefüllte braune Fleischmehl war haltbar und konnte über weite Strecken transportiert werden. „Liebig's Fleischextrakt" wurde seitdem ein beliebtes Genuss- und Gewürzmittel, aus dem die übrige Fleischwürfel- und Suppenwürfelindustrie nach und nach hervorging (148/1889; 123/1891).[98]
Dem schleppenden Absatz des neuen Produkts wurde mit Sammelbildern erfolgreich nachgeholfen. 1872 begann die Liebig Company mit der Herstellung der ersten zwölf Bilder. Anfangs gab sie der Kaufmann einzeln beim Kauf von Brühwürfeln oder Extrakt aus, später wurden den Produkten Gutscheine beigelegt. Für 50 Brühwürfel-Banderolen gab es eine Serie von sechs Bildern. Zwischen 1872 und 1914 er-

Werbetafel aus Holz um 1935

schienen 1138 Serien, davon 900 in Deutschland, die alle Themen des bürgerlichen Bildungsideals widerspiegelten. Sie dienten der Wissensverbreitung und bildeten eine populäre Bildenzyklopädie der Welt.[99]
Seit 1878 erschienen im Husumer Wochenblatt Anzeigen mit Produkten der Liebig Company, sowohl über Fleischextrakt (83/1879) als auch Puddingpulver in verschiedenen Geschmacksrichtungen (84/1885) und Backmehl. Justus von Liebig hatte ein Backpulver für die Herstellung von Brot ohne Zusatz von Hefe oder Sauerteig erfunden. Rezepte waren jeder Packung beigegeben (Osterkuchen 42/1879).
Schutzmarke der Produkte war zunächst eine Windmühle, daneben wurde im Zeitgeist mit Prämien und Auszeichnungen geworben (61/1881).
1898 erschien erstmals Liebig's Keramiktopf (42/1898) und 1902 der Bulle sowie der Hinweis auf die vielseitige Verwendbarkeit für Militär, Jäger, Touristen und Sportler (4/1902).
Auch Konkurrenzprodukte warben um die Aufmerksamkeit der Kunden wie Kemmerich's Fleischextract, produziert in Santa Elena in Argentinien (128/1882), Pastoril-Fleischextract (87/1883) oder auch Cibils flüssiger Fleischextrakt (119/1884). Zu finden waren außerdem noch die Marken Toril-Fleischextrakt (5/1900) und Armour's Fleischextrakt (102/1900). Angesichts dieser Fülle von Konkurrenzprodukten startete Liebig eine Aufklärungsserie über seine Erzeugnisse (17/1900).
Auffallend ist, dass Maggi mit seinen Produkten im Anzeigenteil des Husumer Wochenblatts zunächst nicht vertreten war. Es gab lediglich einen Negativhinweis in einer Anzeige von Liebig, Maggi's Suppenwürze könne Fleischextrakt nicht ersetzen, da es nur ein gewürzter und viel Kochsalz enthaltender Pflanzen-Absud sei (128/1900).
Neben den Anzeigen finden sich zahlreiche Artikel im redaktionellen Teil des Husumer Wochenblatts über Liebig's Fleischextrakt, eine Mischung aus Produktinformation und vergleichender Werbung. In Liebig's größter Küche der Welt wurden 80 Rinder pro Stunde geschlachtet, 1250 Stück pro Tag (91/1885). Auch bestimmte Vorzüge des neuen Nahrungsmittels wurden hervorgehoben und die gesundheitlichen Vorteile für die Arbeiterschaft heraus-

gestellt, da die aus diesem Produkt – 1,60 Mark kostete die Flasche – zubereitete Tasse Bouillon als Genussmittel billiger sei als Schnaps oder Kaffee (74/1886). Verkaufsfördernd wirkte sich die unentgeldliche Abgabe von Kochbüchern an die Kundschaft aus (7/1887). Neben der volksgesundheitlichen Bedeutung von Fleischextrakt wurde auch die medizinische hervorgehoben sowie die Rolle in der diätetischen Küche und in der Krankenkost betont.(41/1887). Liebig präsentierte sich der Husumer Kundschaft als Allerweltshelfer in der Küche, die Würze habe einen ebensolchen Rang erlangt wie die Genussmittel Kaffee und Tee (29/1890). In Anlehnung an die Bedeutung der Erbswurst für die Ernährung der Soldaten im Deutsch-Französischen Krieg wurden im Jahre 1900 dem ostasiatischen Expeditionsheer 1000 Töpfe Fleischextrakt übergeben (104/1900).

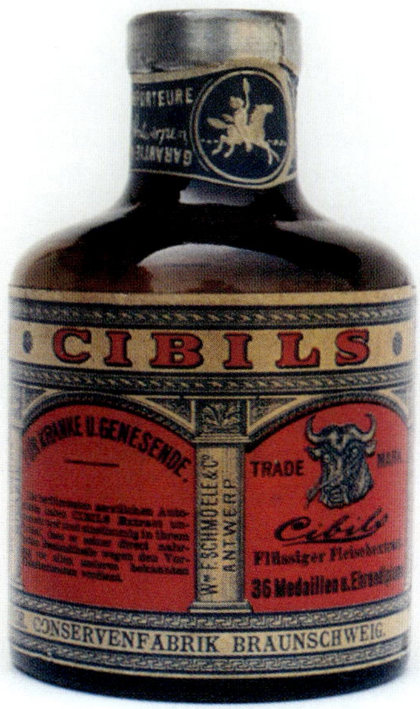

Verwendungsmöglichkeiten von Fleischextrakt in der bürgerlichen Küche, Kochbuch um 1900

Maggi

Auf Anregung des Arztes und Fabrikinspekteurs Fridolin Schuler, der in der Schweiz über die Ernährung der Fabrikbevölkerung und ihre Mängel forschte, startete 1882 der Schweizer Mühlenbesitzer Julius Maggi (1846 bis 1912) aus dem Kempttal die ersten Versuche mit eiweißhaltigen Hülsenfrüchten, Leguminosen, um daraus nährstoffreiche, Zeit sparende und preisgünstige Nahrungsmittel mit hohem Eiweiß- und Stärkegehalt herzustellen, die zudem als Ersatz für das teure Fleisch dienten.

Husumer Wochenblatt 47/1912

1883 begann die Geschichte der Fertigprodukte. Maggi brachte „Suppentafeln" aus vermahlenen Hülsenfrüchten, gewürzt mit Salz und Kräutern, auf den Markt. 1886 folgte Suppenwürze aus der Flasche, mit der sich der Geschmack von Suppen und anderen Speisen verbessern ließ und die preiswerter war als Liebig's Fleischextrakt.

Maggi-Würze wird aus pflanzlichem Eiweiß hergestellt. Weitere Zutaten sind Wasser, Salz, Aroma, Glutamat und Hefeextrakt. Das Pflanzeneiweiß wird in einem biologischen Gärprozess in Aminosäuren aufgeschlossen. Dabei entsteht das charakteristische Aroma der Würze, das dem Geschmack des Liebstöckels sehr ähnlich ist. Dies brachte dem Gewürzkraut im Volksmund den Namen Maggi-Kraut ein, das jedoch in der Maggi-Würze nicht enthalten ist.

Suppen und Würze wurden zunächst nur in der Schweiz vertrieben. 1887 folgte die deutsche Niederlassung in Singen am Hohentwiel für die Abfüllung und den Versand der Maggiwürze, wo man ab 1899 die Würze auch herstellte.

1894 wurde der „Kreuzstern" als Schutzmarke für Maggi-Produkte eingeführt, gemäß der persönlichen Lebensdevise von Julius Maggi: „Durch das Kreuz zum Erfolg" (18/1911).

1896 produzierte das Unternehmen die ersten Suppen-Rollen und erste Bouillon-Kapseln. 1900 führte Maggi den portionierten Suppenwürfel ein, der stückweise beim Lebensmittelhändler erworben werden konnte.

1905 folgten der Soßen-Würfel und 1908 die ersten Bouillon-Würfel, Fleischbrühwürfel genannt. 1912 kam die große Würze-Vorrats-Flasche Nr. 6 auf den Markt. 1924 wurden

Blechdosen für Maggi-Fleischbrüh-Würfel, um 1950

fleischextrakthaltige Produkte hergestellt, 1930 folgte die Bratensoße in Würfeln und 1940 die gekörnte Brühe. 1947 erfolgte der Zusammenschluss des Maggi-Unternehmens mit dem Schweizer Konzern Nestlé zur Nestlé Alimentana AG mit Sitz in Vevey am Genfer See.

Die Reklameseiten für neue Nahrungsmittel im Husumer Wochenblatt beherrschten Liebig mit seinen Produkten und auch Knorr. Oetker hatte ebenfalls vor dem Ersten Weltkrieg Suppen und Fleischextrakt hergestellt (64/1905). Erst im Jahre 1900 erfolgt eine Nennung des Namens Maggi, allerdings negativ besetzt in einer Anzeige von Liebig's Fleischextrakt. Im Jahre 1904 tauchen im Anzeigenteil des Husumer Wochenblatts Annoncen mit Maggi-Produkten auf, wie Maggi's Suppenwürze (13/1904), Bouillon-Würfel (117/1909) oder Maggi's Würze (123/1909). Ab 1909 allerdings warb Maggi regelmäßig mit der Würze in Flaschen (35/1910) und dem umfangreichen Suppensortiment (108/1912).

Husumer Wochenblatt 117/1909

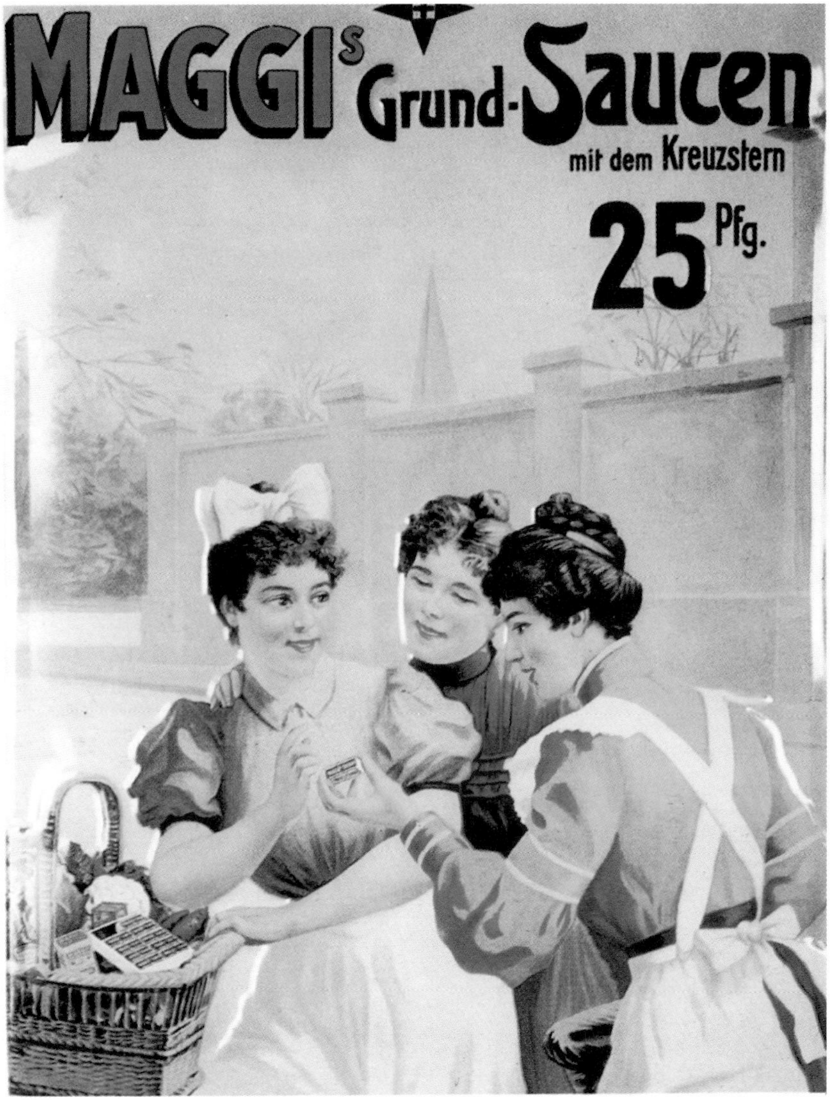

Maggi für die bürgerliche Küche, Emailschild vor 1900

Knorr

Im Jahre 1838 gründete Carl Heinrich Knorr (1800 bis 1875) in Heilbronn ein „Specereiwarengeschäft“. 1839 kamen eine Mühle und der Handel mit Hülsenfrüchten hinzu. Knorr erkannte wie Liebig und Maggi, dass diese Rohprodukte industriell verarbeitet werden konnten. Zusammen mit seinen beiden Söhnen begann er, die verschiedenen Erzeugnisse vom Sago bis zum Grünkern und von der Erbswurst bis zur Suppentafel zu produzieren. Er war es auch, der wohl erstmals Haferflocken in den Handel brachte.[100]

Reklamemarke, um 1910

Ab 1870 experimentierten Knorr’s Söhne Alfred (1843 bis 1921) und Carl (1846 bis 1895) damit, Gemüse zu trocknen, die mit Wasser gekocht eine delikate Suppe ergaben. 1873 begann der Versand von Suppen. Bereits 1885 errichtete Knorr-Heilbronn eine Abpackstelle in der Schweiz, zuerst in St. Margrethen, dann in Thayngen, wo 1907 bald nicht mehr nur abgepackt, sondern auch Trockensuppen hergestellt wurden. 1889 führte die Firma Erbswurst ein, ein Erbsensuppenmehl in Wurstform, das in einen Darm gepresst wurde und trocken oder unter Zugabe von gekochtem Wasser zu sich genommen werden konnte.

Knorr „Hahn“ als Emailschiild um 1905

Die Erbswurst sah wie eine Wurst aus, enthielt aber Suppenpulver. Sie wurde 1870 von dem Berliner Koch Grüneberg (gest. 1872) erfunden und bestand aus Erbsmehl, Speck, Salz und Gewürzen, die in darmartigen Hülsen aus Pergamentpapier gepresst wurden. Er verkaufte die Vorschrift zur Zubereitung dieses Nahrungsmittels an den Staat für 35 000 Taler. In reichseigenen Fabriken wurde während des Deutsch-Französischen Krieges 1870/71 Erbswurst hergestellt. 200 Schlachter, 400 Arbeiter und Köche an 30 bis 50 Kesseln produzierten täglich 100 000 Würste.[101] Jeder in den Krieg ziehende Soldat hatte sie im Tornister. Sie gehörte zu der berühmten „Eisernen Ration“ und lieferte, in Wasser aufgekocht, in kürzester Zeit eine stark sättigende Mahlzeit.[102]

Reklamemarke, um 1910

Bereits 1912 kamen die ersten Bouillonwürfel auf den Markt, gefolgt 1922 von der Knorr Suppenwurst. Ihre Zubereitung gelang auch unter extremen Bedingungen, man brauchte nur Wasser zuzugeben und das Gericht war kochfertig. 1922 wurde die Abpackstelle zu einer eigenständigen Firma: Knorr-Nährmittel Aktiengesellschaft.

Seit 1958 ist Knorr Mitglied der Corn Products Company (CPC), Chicago, die 1905 in Deutschland mit der Eröffnung eines kleinen Verkaufsbüros in Hamburg für Maizena-Maisstärke begonnen hatte. 1916 gründete CPC in Hamburg die Maizena Gesellschaft mbH.

Seit 1889 finden sich Anzeigen von Knorr-Produkten wie Suppentafeln (149/1889), Hafermehl (94/1898), Hafergrütze und Erbswurst, zunächst als Annoncen einer Husumer Delikatessenhandlung (18/1892), ab 1901 warb das Unternehmen mit eigenen Firmenanzeigen für seine Fabrikate wie Suppenmehl und Eierteigwaren (14/1901).

Innenseite eines Kochbuches mit Knorr-Produkten, um 1950

Oetker

Koch- und Backbuch von Dr. Oetker, 1921

Dr. August Oetker (1862 bis 1918) entwickelte im Jahre 1891 in seiner Bielefelder Apotheke das Backpulver „Backin", womit er das Backen revolutionierte. Ein Päckchen Backpulver war genau in der richtigen Menge für 1 Pfund Mehl abgemischt und garantierte den Hausfrauen, dass jeder Kuchen gelang. Die kleinen Tüten kamen in einheitlicher Verpackung zu einem festen Ladenpreis in den Handel. Der Portionspreis von 10 Pfg. blieb bis 1959 konstant.[103]
Backpulver sind chemisch wirkende Treibmittel, die das Aufgehen und Lockerwerden des Teiges hervorrufen. Unter Einfluss von Feuchtigkeit und Hitze entwickeln sie gasförmiges Kohlendioxyd, das den Teig hebt. Backpulver bestehen aus doppeltkohlensaurem Natron, Weinstein und etwas Stärkemehl.
1899 wurde das weiße Damenporträt im Profil, der „helle Kopf", als Warenzeichen für die Oetker-Produkte eingeführt, 1901 Backin patentiert. Die Jahresproduktion stieg von 50 Millionen Päckchen Backin im Jahre 1906 auf 300 Millionen im Jahre 1920. Oetker erweiterte das Warensortiment um Vanillin-Zucker, Puddingpulver, Speisestärke und Einmachhilfe. Weniger bekannt ist, dass Oetker vor 1914 auch Suppen angeboten hatte.
Im Jahre 1903 finden sich im Husumer Wochenblatt erstmals Anzeigen von Oetker mit der Schutzmarke „Heller Kopf" (20/1903). Ab dem Zeitpunkt inserierte das Unternehmen mit seinen Produkten, darunter mit dem Fleischsaft Cornil, Bouillon, Suppen und Fleischextrakt (64/1905), ferner mit Puddingpulver (6/1907) und Vanillin-Zucker (111/1910). Stark beworben wurde nach 1919 das Backpulver Backin mit Abbildung der fertigen Kuchen (71/1926).

Reklamemarke mit dem Warenzeichen „der helle Kopf", nach 1900

Kaffee-Ersatzstoffe

Der Kaffee, ursprünglich im Hochland von Äthiopien beheimatet, entwickelte sich seit dem 17. Jahrhundert zu einem Welthandelsprodukt. Zunächst in den Adels- und Bürgerhäusern konsumiert, kam das Getränk im Laufe des 18. Jahrhunderts in den anderen Bevölkerungskreisen in Mode. Gründe gegen den Konsum des neuen Genussmittels gab es viele, wobei sich wirtschaftspolitsche und fiskalische mit medizinischen und arbeitsethischen Einwänden abwechselten.
Mit dem Bekanntwerden und der raschen Ausbreitung des Kaffees ging eine Suche nach Ersatzstoffen für den teuren überseeischen Bohnenkaffee einher. Um 1650 sollen Niederländer erstmals getrocknete Zichorienwurzeln geröstet und in Pulverform als teuren Kolonialkaffee verkauft haben.[104] Mit Blick auf die Außenhandelsbilanz sah der merkantilistische Staat des 18. Jahrhunderts im Konsumverhalten der Untertanen einen unerwünschten Geldabfluss für teure Kaffeeimporte ins Ausland und unterstützte ab 1750 die verstärkte Suche nach billigen einheimischen Ersatzstoffen. Neben den Ökonomen wirkten Mediziner, welche vor den gesundheitlichen Schäden des Kaffeegenusses warnten, in derselben Richtung und plädierten für Kaffeesurrogate.[105]

Gefütterte Pergamenttüte für Kaffee-Ersatz-Mischung der Firma Hansen in Heide, Anfang des 20. Jahrhunderts

Husumer Wochenblatt 128/1884

Dem Ersatzkaffee aus Eicheln, Kastanien, Zuckerrüben, Mais, verschiedenen Getreidesorten, Wacholderbeeren und Zichorien wurden gegenüber dem echten Bohnenkaffee mehrere Vorzüge nachgesagt. Bereits im 17. Jahrhundert erhielt der Getreidekaffee von Cornelius Bontekoe (1647 bis 1685), aus Holland stammender Leibarzt des Großen Kurfürsten Friedrich Wilhelm von Brandenburg-Preußen (1620 bis 1688), wie auch später von dem Arzt und Begründer der Homöopathie, Christian Samuel Hahnemann (1755 bis 1843), und ebenso von dem durch seine gesundheitsreformerischen Bestrebungen bekannten katholischen Geistlichen Pfarrer Sebastian Kneipp (1821 bis 1897) aus Wörishofen das Prädikat eines „Gesundheitskaffees". Im 19. Jahr-

Werbezettel der Firma Heinrich Kruse aus Uetersen für Zichorien, Ende 19. Jahrhundert

hundert befürwortete auch die Bewegung gegen den Alkohol den Anbau von Surrogaten. Im 20. Jahrhundert, als Bohnenkaffee zur Mangelware geworden war, spielten Kaffee-Ersatzmittel infolge der beiden Weltkriege und der Verknappung der Lebensmittel sowie auch in der Devisenbewirtschaftung der sozialistischen Staaten eine große Rolle.[106]

Als Muckefuck (frz. „mocca faux") oder Blümchenkaffee wurden die Ersatzstoffe als falscher Kaffee abgestempelt. Doch beim Verbraucher erfreute er sich großer Beliebtheit, da der Genuss von Bohnenkaffee als tägliches Getränk für weite Bevölkerungskreise bis zum Einsetzen des Wirtschaftswunders in den 1960er Jahren unerschwinglich blieb. Stattdessen wurden Kaffee-Surrogate aus Rüben, Malz, Feigen, Korn, Eicheln, Johannisbrot, Datteln und Zichorien als Alltagsgetränk konsumiert.[107]

Kaffeesurrogate erhält man durch Rösten von stärkehaltigen Pflanzenteilen. Durch Aufkochen oder Überbrühen mit heißem Wasser geben sie einen kaffeeähnlichen Geschmack. Da Koffein und andere Stimulantia fehlen, üben die Kaffee-Ersatzstoffe lediglich eine durststillende und erfrischende Wirkung aus. Die gebräuchlichsten Surrogate waren Malz- und Getreidekaffees sowie Kaffeewürzen.

Malzkaffee entsteht durch Röstung von Malz, welches durch mindestens 48-stündige Weichung und darauf folgende mehrtägige Keimung gewonnen wird, bei der die Gerste 50 % Wasser aufnimmt. Dabei erfolgt eine chemische Umwandlung und Erschließung des Korninhalts durch das Ferment Diastase. Die Stärke des Gerstenkorns verwandelt sich in Zucker und bei der Röstung durch feuchte Wärme in Karamel, das den besonderen Genuss- und Aromawert des Malzkaffees bestimmt.[108] Malzkaffee ist ein Kaffee-Ersatzmittel, das durch seinen hohen Zucker- und Extraktgehalt Nährwert besitzt. Die bekannteste Marke ist Kathreiner's Malzkaffee. Der Aufguss von Malzkaffee ist leicht süßlich-aromatisch, er soll aufgekocht werden. Bei Mischungen mit Bohnenkaffee wird dieser nach dem Aufkochen des Malzkaffees zugesetzt.[109]

Kornkaffee wird aus Roggen hergestellt. Der gereinigte und sortierte Roggen macht einen Weichungs- oder Dämpfungsprozess bis zur vollständigen Durchdringung des Korns durch und gelangt dann in die Rösttrommel. Man unterschied zwischen kandiertem und glasiertem Kornkaffee, wobei im ersten Fall die Körner mit einer Zuckerkandierung, im zweiten mit einer Glasurmasse überzogen wurden.[110] 1866 war das Kandieren der Kaffeebohnen von Justus von Liebig erfunden worden, um sie vor Luftfeuchtigkeit zu schützen und ihr Aroma über längere Zeit zu bewahren.[111] Die Firma Emil Seelig, Heilbronn, produzierte ab 1890 kandierten Kornkaffee.

„Kornfranck" ist eine Ersatzkaffeemischung der Firma Heinrich Franck Söhne und stellt ein Gemisch aus gemälztem,

geröstetem und gemahlenem Getreide und Kaffeewürze (Zichorie) dar. Der Aufguss ist sofort gebrauchsfertig und muss nicht gekocht werden.[112]
Gerstenkaffe besteht aus gereinigten, geweichten bzw. gedämpften und gerösteten Getreidekörnern. Sie werden durch Weichen in Bottichen zum Quellen gebracht. Beim Rösten färben sich die Körner außen und innen dunkelbraun. Nach der Röstung kann mitunter eine Kandierung und Glasierung erfolgen. Bei der Kandierung mittels Zucker oder Stärkesirup verwandeln sich diese Zusätze in Karamelzucker, wodurch Farbe und Geschmack des Aufgusses kräftiger werden. Zur Herstellung des glasierten Kornkaffees wird das Röstgut ebenfalls mit Zuckerstoffen versetzt und danach mit einer Überlasur aus Lacken, Harzen oder Wachsen überzogen, die einen Aromaverlust und ein Zusammenkleben der Körner verhindern.
Gerstenkaffee ist dem Malzkaffee sehr ähnlich. Der Unterschied liegt darin, dass beim Gerstenkaffee die Kernmasse der Körner nur einen Weich-, aber keinen Mälzprozess durchlaufen, er also nur aus gebrannter Stärke besteht.[113]
Als Kaffeezusatzmittel gelten Zichorie, Kaffee-Gewürz und Kaffee-Zusatz-Essenz.
Der Gebrauch der Zichorie ist seit dem 17. Jahrhundert bekannt. Wohl bereits gegen Ende dieses Jahrhunderts wurde im Nordharz die wild wachsende Zichorie oder Wegwarte (Cichorium) zur Herstellung eines kaffeeähnlichen Getränks benutzt. Im Jahre 1770 erhielten verschiedene Fabriken von der preußischen Regierung die Erlaubnis zur Herstellung des „Preußischen Kaffees".[114] Zichorienkaffee wird aus den langen und dicken Wurzeln der veredelten Wegwarte oder Zichorienpflanze (Cichorium intybus) gewonnen. Der Anbau erfolgte in der Magdeburger Börde, in Württemberg, Baden, Niederösterreich und Flandern. Die 20 bis 40 cm langen Pfahlwurzeln zeichnen sich durch einen hohen Gehalt an Zucker und Stärke aus. Zichorie enthält Inulin, das beim Rösten die Bildung von Karamel- und Röstbitterstoffen fördert. Das gemahlene Röstgut wird in Pulverform in Rollen für den Gebrauch abgepackt. An Stelle der Zichorie verwendet man in manchen ländlichen Gebieten auch die Runkelrübe

Werbepappe für Linde's Kaffee der Firma Kathreiners Malzkaffeefabriken, um 1930

(Beta vulgaris) als Ersatz und auch zur Verfälschung der Zichorie.[115] Die Blätter der Pflanze werden als Chicoréesalat und als Gemüse genossen.
Kaffee-Gewürz war auch unter der Bezeichnung Karlsbader Kaffee-Gewürz bekannt und wurde in der Hauptsache aus Feigen hergestellt. In großen Ofengebäuden wurden in ei-

ner Heißwasserdarranlage die Früchte getrocknet und knusprig geröstet. Nach dem Kühlen wurde das Röstgut mit den übrigen Bestandteilen gemischt. In der Presse erhielt es die dem Verbraucher wohl bekannte Würfelform. Danach wurde das Gewürz gelagert, bis es seine volle Reife und eine dunklere Farbe erhielt.[116]

Unter Karlsbader Kaffeegewürz verstand man ein Gemisch aus gerösteten Feigen und Salzen (doppelkohlensaures Natron). Seine Verwendung wurde in Gegenden mit kalkreichem, hartem Leitungswasser bevorzugt, da es dieses enthärtet und weich macht. Es kam in Tafeln und Portionsstücken in den Handel.

Bekannte Hersteller waren die Firma Otto E. Weber aus Dresden-Radebeul (228/1921) und auch die Firma Heinrich Franck und Söhne.[117]

Husumer Wochenblatt 119/1894

Feigenkaffee besteht aus gerösteten und gemahlenen Früchten des Feigenbaums, die einen sehr hohen Zuckergehalt haben. Die Farbe ist tiefbraun und der Geschmack süßlich.[118] Feigenkaffee wurde von Adolf Tschepper in Wien (Imperial Feigenkaffee mit der Krone) und von Otto E. Weber produziert (129/1900).

Kaffee-Zusatz-Essenz bestand aus verschiedenen Zuckerstoffen, die durch ein besonderes Kochverfahren zu einer zähen Masse verarbeitet, getrocknet und gemahlen, sodann in Dosen oder Paketen abgefüllt wurden.[119] Als Zusatzstoffe benutzte man Zuckercouleur (gebrannter Zucker) und Karlsbader Kaffeegewürz, die dem Kaffee die beliebte dunkle Farbe verliehen. Kaffee-Zusätze haben ihren Ursprung im Orient, wo man Pfeffer, Nelken und andere Gewürze dem Bohnenkaffee zusetzte, um das Aroma zu verfeinern und zu intensivieren. Die im 19. und 20. Jahrhundert verwendeten Zusätze dienten der Intensivierung und Streckung des Bohnenkaffees. Sie wurden durch Rösten aus Pflanzenteilen, pflanzlichen Stoffen oder Zuckerarten hergestellt.[120]

Kaffee-Zusatz-Essenz bestand aus gebrannten Zuckerstoffen. Diese Zusatzstoffe bewirkten eine Dunkelung des Kaffeeaufgusses und eine bessere Ausnutzung des Kaffeearomas.[121] Hersteller war die Firma Pfeiffer & Diller in Horchheim bei Worms (116/1891).

Kaffee-Ersatzmischungen wurden aus Kaffee-Surrogaten und Bohnenkaffee hergestellt. Der Zusatz von Bohnenkaffee war unterschiedlich, wodurch eine Anpassung des Preises an die Kaufkraft und Kaufwünsche des Kunden erfolgen konnte. Sie kamen gemahlen in den Handel und durften nur in Packungen abgegeben werden.[122] Ein bekannter Hersteller seit den 1920er Jahren waren die Quieta Werke Carl Moll in Augsburg mit der Marke Quieta (111/1923).

Natron-Kaffee, ein Kaffee-Surrogat unter Zusatz von Natron, das vor allem zur Beseitigung überschüssiger Magensäure (Sodbrennen) verwendet wurde, bot die 1865 gegründete Hamburger Firma Thilo & von Döhren aus Wandsbek an. Seit 1879 finden sich regelmäßige Anzeigen des Herstellers im Husumer Wochenblatt (83/1879). Natron-Kaffee bot ebenfalls die Kaffeerösterei Christian Conrad v. Holstein, gegründet 1837, aus Itzehoe an (148/1903). Nach 1919 verschwand das Produkt vom Markt zugunsten des beim Verbraucher beliebteren Korn- und Malzkaffees und der Bohnenkaffeemischungen.

Kathreiner

Der 1828 aus dem Militärdienst ausgeschiedene 34-jährige Franz Kathreiner (1794 bis 1870)[123] erfand als Bibliotheksdiener in der Münchner Universität ein Verfahren zur Reinigung des Lampenöls. 1829 errichtete er in München eine Öl-Raffinerie. Seit 1842 betrieb er zusätzlich eine Spezereienhandlung. Das Geschäft entwickelte sich gut, wurde aber nach dem Tod von Franz Kathreiner von dessen Sohn im Jahre 1870 veräußert. Der Käufer, Emil Wilhelm, erweiterte das Geschäft zu einem Unternehmen für Kolonialwaren und Landesprodukte. 1876 wurde die Firma von Emil Wilhelm und Adolf Brougier in Franz Kathreiner Nachfolger umbenannt.
1890 wurde zusammen mit dem Wörishofener Pfarrer Sebastian Kneipp, der 1889 die Kaffeebohne für giftig erklärt hatte, der aus gerösteter Gerste hergestellte Kaffee-Ersatz als „Kathreiner Kneipp-Malzkaffee" verkauft. Aus dem Surrogat wurde ein eigenständiges Markenprodukt mit durchschlagendem Erfolg, das sich rasch zu einem Volksgetränk entwickelte, weil der Malzkaffee in Geschmack und Aussehen dem echten Bohnenkaffee noch ähnlicher war als das Surrogat aus Zichorien.[124]
1892 gründete die Kolonialwarengroßhandlung Franz Kathreiner Nachfolger die Firma Kathreiners Malzkaffeefabriken Wilhelm & Brougier in München mit weiteren Produktionsstätten in Wien und seit 1894/95 auch in Uerdingen am Niederrhein.
Im Jahr 1908 baute das Unternehmen eine Produktionsanlage in Magdeburg auf, wo Malzkaffee ab 1912 in großen Mengen industriell hergestellt wurde. Nicht zuletzt diese Tatsache führte dazu, dass sich die Marken „Kathreiner Malzkaffee" und „Linde" in Deutschland schnell zum Volksgetränk entwickelten. 1943 fusionierte die Firma Kathreiners Nachfolger mit dem größten Konkurrenten zur Franck und Kathreiner GmbH.[125]
Kathreiner Malzkaffee warb seit 1892 im Husumer Wochenblatt (58/1892). Als Werbebotschaften finden sich die sorgende Mutter (13/1893) und die sparsame Hausfrau

Husumer Wochenblatt 58/1892

(14/1894), alternativ dazu die Abbildung der Verpackung (44/1896) und zur Aufklärung die genaue Kochvorschrift (46/1896). Kathreiner war der einzige Hersteller, der sich im Jahre 1906 in einer Anzeige direkt an die Husumer Hausfrauen wandte. (137/1906).
Zum Lebensgefühl der Jahre nach dem Ersten Weltkrieg gehörten Körperkultur und Körperpflege. Die Menschen hielten sich an der frischen Luft auf und trieben Sport. Im Mittelpunkt der Werbebotschaft fanden sich der sportliche und körperbewusste Mensch als Tennisspieler (256/1926), Ruderer (259/1926), Turner (267/1926) oder Skifahrer (272/1926). Auch die Kathreinerwerbung spiegelte zu Ende der 20er Jahre den gesamtgesellschaftlichen Entwicklungsprozess wider, den Wandel vom sparsamen Ersatzmittel über die gesunde Alternativnahrung zum geschmacksorientierten Freizeitgenuss.[126]

Heinrich Franck

Der Konditor Johann Heinrich Franck (1792 bis 1867) begann im Jahre 1828 im württembergischen Vaihingen an der Enz mit der Produktion von Zichorienkaffee. In Ludwigsburg setzten 1868 die Söhne die fabrikmäßige Herstellung fort, deren Spezialität es war, Zichorie nicht in reiner Form zu verkaufen, sondern mit anderen Substanzen zu vermischen. Schon früh setzte man auf Markenartikel, von denen „Linde's", „Kathreiner Kneipp Malzkaffee" und „Caro" noch heute bekannte Produkte sind. Das erste Markenzeichen für Aecht Frank Zichorienkaffee war der Vaihinger Löwe. Als dieser kopiert wurde, ergänzte man ihn durch Kaffeekanne und Kaffeetasse, und schließlich wurde die Kaffeemühle zum Markenzeichen der Produkte. In Deutschland und Österreich verwendete man die stangenförmige Packung für Zichorienkaffee. Die blauen Punkte zieren die „Linde's"-Packung bis heute. 1943 fand die Fusion mit Kathreiner statt, 1971 erwarb Nestlé den Schweizer Konzern, der 1913 durch Zusammenschluss von Franck und den Kathreiner Malzkaffee-Fabriken entstanden war.[127]
Die erste Anzeige von Franck Kaffee mit der Kaffeemühle als Schutzmarke findet sich im Husumer Wochenblatt im Jahre 1903 (140/1903).

Reklamemarken der Firma Heinrich Franck Söhne aus Ludwigsburg, um 1900

Emil Seelig

Zu Anfang des Jahres 1853 gründeten der aus Niederstetten stammende August Schmitt (1822 bis 1890) und Emil Seelig (1824 bis 1895) aus Heilbronn eine Zichorienfabrik, die 1855 mit Schmitt und Seelig, Cichorien-Fabrik und Farbholzmühle, firmierte. Aus ihr ging 1859 die Zichorienfabrik Emil Seelig hervor. 1892 wurde das Unternehmen in eine Aktiengesellschaft umgewandelt. Seit 1897 wurde deutlich, dass sich die Absatzverhältnisse der Zichorien durch die aufkommenden Kaffee-Ersatzmittel verschlechtert hatten. Die Konsumenten bevorzugten Surrogate aus Korn und Malz, welche die Nachfrage nach Zichorie merklich zurückdrängten und die Zichorienfabriken zu einer Umstrukturierung ihrer Produkte zwangen.
1908 erwarb die Firma Heinrich Franck Söhne in Ludwigsburg die Aktienmehrheit bei Seelig und setzte 1924 die Einstellung der Zichorienfabrikation in Heilbronn durch. Im Rheinland (Neuss) und in Mitteldeutschland (Halle), wo 1912/13 Zweigfabriken aufgebaut worden waren, boten sich für die Produktion günstigere Standortbedingungen. 1943 fusionierten die Firmen Emil Seelig AG und Pfeiffer & Diller GmbH in Horchheim bei Worms zur Seelig und Diller AG mit Hauptsitz in Heilbronn. 1955 wurde die Seelig und Diller AG liquidiert.
Neben dem Kaffeezusatz Zichorie hat die Firma Emil Seelig seit dem Ausgang des 19. Jahrhunderts auch eine Reihe Kaffee-Ersatzstoffe hergestellt und vertrieben. Am bekanntesten war wohl „Seelig's kandierter Korn-Kaffee", der 1890 erstmals auf den Markt kam. Seelig war später der größte Kornkaffeefabrikant Deutschlands. Der von der Firma hergestellte Malzkaffee erfreute sich als billiger Ersatz für Bohnenkaffee großer Beliebtheit. 1897 produzierte Seelig aber noch eine Anzahl weiterer Kaffeesurrogate sowie einige diätetische Nahrungsmittel.[128]
Seelig's Kornkaffee wurde im Husumer Wochenblatt nicht beworben, jedoch seit 1891 finden sich Anzeigen mit dem Konkurrenzprodukt Pfeiffer & Dillers Kaffee-Zusatz-Essenz (116/1891).

Margarine

Kaum ein alltägliches Nahrungsmittel war derart negativ besetzt wie Margarine und durchschritt einen derart breiten Spannungsbogen vom Ersatzstoff zum eigenständigen Markenartikel und modernen Grundnahrungsmittel. Bis Mitte des 19. Jahrhunderts waren vor allem Rinderfett, also Talg, Hammelfett, Speck und Schweineschmalz die wichtigsten Nahrungsfette für den überwiegenden Teil der Bevölkerung. Schweineschmalz diente als Brotaufstrich. Bis in das 20. Jahrhundert hinein galt Butter als Standessymbol und als Zeichen gehobener Lebensführung.[129]

Die Erfindung der Margarine ging auf Napoleon III. zurück, der im Jahre 1866 einen Wettbewerb für die Entwicklung eines preiswerten, haltbaren und bekömmlichen Ersatzprodukts für Butter ausschrieb zur Versorgung der Armee, der Seestreitkräfte und der unteren Schichten der Bevölkerung. Nach dreijährigem Experiment entwickelte Hypolite Mège Mouriès (1817 bis 1880), Chemiker und pharmazeutischer Assistent an einem Pariser Krankenhaus, ein Streichfett aus Oleomargarin, dem weichen, perlig-glänzenden Teil des Rindertalgs, aus Kuhmilch, Wasser und fein geschnittenem Euterfleisch, dem er den Namen Margarine gab, aus dem griechischen „margaros" für Perlmuschel abgeleitet.

Die Grundidee war, auf künstlichem Wege das Gewebefett von Kühen in Milchfett umzuwandeln. Zerkleinerten, gesäuberten Rindertalg versetzte Mège Mouriès mit Kaliumkarbonat und Wasser und rührte dieses Gemisch zwei Stunden lang bei 45° C, dem er dann zerschnittenen Schaf- und Schweinemagen hinzufügte und die Mischung mit Salz versetzte. Danach kam das geschmolzene Fett in große Eimer und erkaltete. Diese Masse wurde in ein Leinentuch gewickelt und ausgepresst. Dabei floss öliges Fett ab, das so genannte Oleomargarin, der Ausgangsstoff für die Kunstbutterproduktion, die Mège Mouriès der Butterherstellung entlehnte. Das Oleomargarin wurde mit Wasser und Milch versetzt und in einem Butterfass gekirnt, das heißt gestoßen oder geschlagen. Dem Gemisch wurde der Farbstoff „Orlean" beigefügt, der aus dem ostindischen oder peruanischen Baum Bixa orellana gewonnen wurde. Zum Schluss wurde noch klein geschnittener Kuheuter hinzugefügt. Aus der gewonnenen Fettemulsion stellte Mège Mouriès durch Abschrecken mit eiskaltem Wasser ein geschmeidiges und halbfestes Fett her. Durch anschließendes Kneten wurde die überschüssige Flüssigkeit entfernt und nach einer Ruhe- und Reifezeit war das Endprodukt Kunstbutter oder Margarine hergestellt.[130]

Emailschild der holländischen Margarinefirma Jurgens & Prinzen aus Goch, nach 1924

Husumer Wochenblatt 128/1904

Mège Mouriès verwandte zur Herstellung von Oleomargarin das Fett von Kühen und von Ochsen. Dies wurde von den großen Schlachthöfen in Frankreich, später auch aus England, Österreich-Ungarn und selbst Russland geliefert.[131] Die europäischen Schlachthöfe konnten jedoch den schnell wachsenden Bedarf der Margarineproduzenten nicht mehr decken. Seit Ende der 1870er Jahre wurde Nordamerika zum Hauptlieferanten der europäischen Kunstbutterproduzenten, danach drängten südamerikanische, insbesondere argentinische Fleischproduzenten auf den Markt.[132]
Erst durch die Erfindung der Fetthärtung durch Wilhelm Normann (1870 bis 1939) im Jahre 1902 konnten flüssige Fette in streichfertige Hartfette überführt werden. Öle aus Baumwollsaaten, Soja, Sonnenblumen und vom Wal und Fette wie Palmin- und Kokosfett wurden als Rohstoffe zur Margarineherstellung verwandt. Damit wurde es möglich, Margarine aus rein pflanzlichen Stoffen herzustellen. Der Anteil der Schlachtfette an der für die Margarineherstellung verwendeten Gesamtfettmenge lag um 1900 noch bei 70 % und ging 1913 auf 53 % zurück.[133]
Die erste industrielle Anwendung von gehärtetem Fett geschah in England. 1911 übernahm die Firma Georg Schicht in Aussig/Böhmen das Verfahren und 1912 gründete die Firma Anton Jurgens in Emmerich die Ölwerke Germania GmbH mit Anlagen zur Fetthärtung. Durch die Vollraffination und Fetthärtung veränderte sich der Weltmarkt für Fett grundlegend und der Bedarf verschob sich von den tierischen zu den pflanzlichen Rohstoffen, die aus den Kolonien bezogen wurden.[134]
Die Margarineproduktion stieg zu Ende des 19. Jahrhunderts sprunghaft an. Wurden 1887 noch 15 000 t Margarine produziert, waren es um 1900 bereits 100 000 t, die sich bis 1913 noch einmal verdoppelten. Die inländische Butterproduktion betrug 1913 etwa 350 000 t.[135]
In den Jahren vor 1914 hatte sich die Margarine vom Ersatzstoff (Surrogat) zum Markenartikel entwickelt und als Nahrungsmittel etabliert. Der Konsum wurde auf etwa 3 kg pro Kopf und Jahr geschätzt, bei Butter etwa auf 7 kg, von den Schlachtfetten Speck und Schmalz wurden gut 8 kg konsumiert.[136]
Der Siegeszug der Margarine setzte sich nach der Stabilisierung im Jahre 1924 weiter fort. Der Pro-Kopf-Verbrauch stieg von 6,4 kg im Jahre 1924 auf 7,5 kg im Jahre 1928.[137]
Aus dem Ersatzstoff hatte sich die Margarine zum vollwertigen Universalfett und Grundnahrungsmittel entwickelt.
Für die zu Beginn des Industriezeitalters in die Städte strömende Landbevölkerung, für Arbeiter und Handwerker, war entscheidend, dass Margarine halb so teuer wie Butter war und ein Kilo Butter so viel wie ein Tagesverdienst kostete. Zudem war Margarine ein bekömmlicherer und leicht verdaulicherer Brotaufstrich als der übliche Butterersatz wie Nierenfett oder Schweineschmalz.[138]
Jedoch das Prestige der Butter blieb ungebrochen, Margarine galt als Surrogat, als Ersatzfett.[139] In der bürgerlichen Küche

fand Margarine ihren Platz in der Kochbuchliteratur, beispielsweise bei Henriette Davidis „Praktisches Kochbuch für die bürgerliche und feinere Küche" aus dem Jahr 1891: „Als Ersatz der Kuhbutter wird Margarine, welche aus den leicht schmelzenden Bestandteilen des Rindertalgs besteht, ebenso Kokusnußbutter, speziell die Marke ‚Palmin', vielfach angewandt. Beide enthalten mehr Fett als Kuhbutter, beide sind in guter Beschaffenheit, wo Sparsamkeit geboten ist, nicht zu verwerfen."[140]

Franz Rehbein berichtete von seiner ersten Arbeitsstelle als Dienstjunge auf dem Gut Bunsloh in Ostholstein über „Leutebutter", eine zur Hälfte mit Margarine versetzte Butter für die Tagelöhner, die zu Schwarzbrot gegessen wurde.[141] Er beschrieb sie als von minderer Qualität und ihr Aussehen und den Geschmack als „noch bedeutend widerlicher ... wie etwa heutzutage (1911), wo diese Mängel durch verbesserte Fabrikationsmethoden mehr und mehr ausgeglichen sind. Damals aber sah ein Klacks Margarine ungefähr so glasig aus, wie ein Stück von einer gefrorenen Steckrübe, und schmecken tat das Zeug derartig, daß es immer lieber zum Halse heraus als herein wollte."[142]

1882 fand sich eine ähnliche Wertung der Margarine, zu lesen in einem Kochbuch für Arbeiterfrauen: „Sogenannte Kunstbutter sollte gar nicht gekauft werden und gebraucht werden, weil sie unangenehm von Geschmack und der Gesundheit schädlich ist. Ist man genöthigt, einen Ersatz für die theure Butter zu suchen, dann nehme man die Butter zum Butterbrod etwas sparsamer und helfe sich aus mit Obstkraut, oder nehme auf's Schwarzbrod gutes Schweineschmalz mit Salz überstreut." [143]

Husumer Wochenblatt 288/1925

Jurgens/Van den Bergh

In Frankreich konnte sich die Erfindung der Kunstbutter nicht durchsetzen. Deren wirtschaftliche Bedeutung und Nutzung erkannten zwei holländische Butterproduzenten. 1870 kaufte Antonius Jurgens (1805 bis 1880) dem Erfinder Mège Mouriès das Patent zur „Erzeugung gewisser Fette tierischen Ursprungs" für 60 000 Francs ab und gründete die erste Margarinefabrik in Oss, dem niederländischen Butterhandelszentrum. 1872 stieg Simon van den Bergh (1819 bis 1907),[144] ebenfalls Buttergroßhändler in Oss, in das Margarinegeschäft ein. Da Butter knapp und teuer war, sahen beide in der Margarine das Nahrungsfett der Zukunft, vor allem für die in die Städte strömende Landbevölkerung. Die Hersteller verzichteten auf die Beimischung von Euterfleisch und machten so die französische Urmagarine durch den Zusatz von Olivenöl geschmeidiger. Bis 1879 belieferten die beiden holländischen Firmen ungehindert den deutschen Markt.[145]

CleverStolz nach 1907

Im Jahr 1887 trat das Kunstbuttergesetz in Kraft, wonach Margarine in Papier verpackt und mit der Aufschrift des Verkäufers versehen werden musste. Butter dagegen konnte weiterhin lose in Kübeln verkauft werden.[146] Margarine wurde die obligatorische Bezeichnung für Kunstbutter und es wurde ein Mischungsverbot von Butter und Margarine verfügt, ferner der Milchzusatz zur Margarine beschränkt. Im gleichen Jahr beschloss der Reichstag einen Einfuhrzoll für Margarine von 30 %.[147]

Reklamemarken der holländischen Margarinefirma Van den Bergh aus Kleve, Jubilea, zum 25-jährigen Firmenjubiläum 1913

Als Gegenmaßnahme errichteten beide Margarineproduzenten Zweigfirmen nahe der holländischen Grenze. 1888 gründete Jurgens in Goch die „Holländischen Margarinewerke Jurgens & Prinzen GmbH" und Van den Bergh in Kleve die „Van den Berghsche Margarinewerke".

1897 erfolgte eine weitere Verschärfung des Margarinegesetzes von 1887. Die wichtigste Bestimmung war die Kennzeichnung der Verkaufsstellen einschließlich der Marktstände, die ein deutlich sichtbares Schild mit der Aufschrift „Verkauf von Margarine" anbringen mussten. In der Herstellung, Aufbewahrung und im Verkauf sollten Butter und Margarine in Ortschaften mit mehr als 5000 Einwohnern räumlich getrennt werden. Margarine musste einen Zusatz von 10 % Sesamöl enthalten, um Verfälschungen von Butter mit Margarine leichter nachweisen zu können. Margarinekisten und -gefäße mussten die Aufschrift „Margarine" tragen und mit einem gut sichtbaren roten Streifen versehen werden. Der Name des Fabrikanten war aufzudrucken. Im Einzelhandel durfte die Margarine nur in verpackten, würfelförmigen Stücken verkauft werden. Jeder Würfel musste eingepresst das Wort „Margarine" und die Umhüllung ebenfalls die Bezeichnung „Margarine" und den Namen der Firma tragen. Die gesetzlichen Bestimmungen führten jedoch dazu, dass das Produkt seine charakteristische Form annahm und zu einer Markenware wurde.[148]

Beide holländischen Unternehmen führten Markennamen für ihre Produkte ein und lieferten sich eine über Jahrzehnte anhaltende Konkurrenzschlacht. Van den Bergh startete 1897 mit „Vitello", für die er frisches Eigelb als Emulgator be-

nutzte. (5/1900) Der tägliche Verbrauch belief sich auf 15 000 Eier. Die Firma Jurgens konterte mit der Marke „Solo" , die 1899 auf den deutschen und 1905 auf den englischen Markt kam. Van den Bergh führte 1900 mit „Sana" eine Margarine ein, bei der die bakterienhaltige Kuhmilch durch Mandelmilch ersetzt wurde, um sie garantiert als bakterien- und keimfrei präsentieren zu können. (143/1901)
1904 folgte „Sanella", eine Margarine aus reinem Pflanzenfett, die auf Anhänger einer naturgemäßen Lebensweise und auf Vegetarier als Konsumenten abzielte. Die Verpackung des Sanella-Würfels im Karton zierte neben den Kokospalmen vor afrikanischer Landschaft der Namenszug des Erfinders Prof. Dr. Oscar Liebreich (1839 bis 1908), einem Pharmakologen an der Berliner Universität.
Die Familie Van den Bergh machte auch ihren jüdischen Glaubensbrüdern Margarine zugänglich. Damit Sana, streng nach den jüdischen Speisevorschriften nicht mit der übrigen Margarineproduktion in Berührung kam, wurde 1900 auf dem Werksgelände in Kleve eine eigene Fabrik gebaut und die Sana-Gesellschaft gegründet. Im Laufe der Zeit wurde aus Sana der Markenname Sanella. Für kurze Zeit verschwand sie vom Markt,[149] um im März 1931 als „Sanella" wieder zurückzukommen.[150]
Mit „Tomor" wurde von Van den Bergh 1906 auch eine koschere Margarine aus Mandelmilch angeboten. Im Jahre 1907 folgten als weitere Spitzenmarken „Cleverstolz" und „Sternmarke". Daneben wurden 1909 die Pflanzenmargarinesorten „Palmkrone", „Palmstolz" und „Palmstern" auf den Markt gebracht.[151]

Verpackungskarton für Margarinewürfel, nach 1926

1924 verschärfte sich der Konkurrenzkampf zwischen den beiden großen Margarineproduzenten noch einmal. Als Spitzenprodukt wurde „Rahma Margarine buttergleich" von Jurgens zum Einzelhandelspreis von 1 Mark pro Pfund mit einem ungeheuren Reklameaufwand eingeführt (210/1924). In den ersten Wochen wurden 2300 Tonnen Rahma verkauft, sodass es zu Lieferengpässen kam.[152]
Assoziationen mit dem Konkurrenzprodukt Butter wie „buttergleich", „butterfein" und „Buttermeisterstück" waren beabsichtigt. Die kuh- und melkfrische Milch sowie das von dem Plakatkünstler und Lithographen Carl Moos (1878 bis 1959) entworfene Rahma-Mädchen, eine der bekanntesten Werbefiguren der 20er Jahre neben der Weißen Dame von Henkel, symbolisierte Natürlichkeit und Frische. Auf Druck der Milchwirtschaft musste 1926 das „h" aus Rahma gestrichen werden, das den Verbraucher an den Rahm der Milch erinnerte, und die Bezeichnung „buttergleich" wurde durch das Wort „butterfein" ersetzt (204/1926).

Ebenfalls 1924 führte Van den Bergh sein Spitzenprodukt „Schwan im Blauband" ein. Die Werbung zielte auf die moderne Frau, man wollte das Bürgertum erreichen. Blauband blieb im Verlauf etwa um ein Drittel hinter Rahma zurück.
Der offizielle Zusammenschluss der Konzerne Jurgens und Van den Bergh erfolgte im Herbst 1927 durch die Gründung zweier Dachgesellschaften, der N. V. Margarine-Unie mit Sitz in Rotterdam und der Margarine-Union Ltd. in London. Es schlossen sich weitere ehemalige Konkurrenten an, u. a. 1928 die Georg Schicht AG in Aussig/Böhmen und die Centra AG Tetschen a. d. Elbe. 1929 kam es zum Zusammenschluss mit dem größten Konkurrenten in Europa, dem Seifenhersteller Lever Brothers, zu Unilever.[153] Es folgten die Krisenjahre der Weimarer Republik, in denen der neue Konzern als „ausländisch beherrschter Margarine-Trust" angefeindet wurde.
Ebenfalls 1929 schlossen sich die beiden Konkurrenten zur Jurgens-Van den Bergh Margarine Verkaufsunion GmbH in Berlin zusammen. Nach der Fusion wurde aus den beiden ehemaligen Spitzenmarken „Rama im Blauband", „doppelt so gut". Durch den Aufdruck eines Garantiedatums konnte die Hausfrau selbst kontrollieren, wie frisch jede Packung war.[154]
Ende der 1920er Jahre hielten die beiden großen Konzerne Jurgens und Van den Bergh zusammen mehr als 60 % der deutschen Gesamtproduktion. Beide Firmen setzten ihre Erzeugnisse vor allem in der rheinisch-westfälischen Industrieregion ab, wo eine große Nachfrage nach billigem Fett bestand. Beide hatten schon vor 1900 eigene Verkaufsniederlassungen in ganz Deutschland aufgebaut, die Großverbraucher und Einzelhändler direkt belieferten.[155] Nach 1900 hatten sie zahlreiche, meist überschuldete Margarinewerke und Ölmühlen übernommen, darunter auch ihren größten Konkurrenten, die Bahrenfelder Margarine-Werke A. L. Mohr in Altona-Bahrenfeld.
1939 wurden alle Markennamen für Margarine verboten und es gab nur noch „Tafelmargarine". 1942 wurde der Gründername Van den Bergh Werke gelöscht. 1948 nannte sich das Unternehmen wieder „Van den Bergh's Margarine-Werke Kleve" und konnte die Produktion aufnehmen. 1949 gab es „Sanella" zum festgesetzten Preis von 61 Pfennig pro Halbpfundwürfel. Mit den Spitzenmarken Sanella und Cleverstolz brachte der Unilever-Konzern 1949/50 zwei vor dem Krieg bekannte Margarinemarken wieder auf den Markt.[156]
Ab 1952 wurden die hochwertigen Margarinesorten mit den Vitaminen A und D angereichert. 1953 beanspruchten sie einen Markenanteil von 42 %. Der älteren Hausfrauengeneration war Rama im Blauband noch vertraut.[157] Im Herbst 1954 wurde Rama in der goldfarbenen Verpackung mit großem Werbeaufwand in die Läden gebracht. Ab 1957 gab es wieder Blauband (bis 1961). 1959 erschienen Sanella neu und Blauband im Becher, und 1968 wurde Frühstücks-Rama als Brotaufstrich angeboten.[158]
Als erstes tauchte im Anzeigenteil des Husumer Wochenblattes im Jahre 1892 eine Pro-

Husumer Wochenblatt 39/1911

duktwerbung des holländischen Margarineunternehmens Simon van den Bergh auf, das seit 1871 Margarine produzierte (137/1892). Die Margarine besaß keinen Markennamen und war in Flensburg erhältlich. 1896 zog die Konkurrenzfirma Jurgens & Prinzen in einer Anzeige mit der Süßrahmmargarine Marke „Creme" nach, beworben als ein Produkt der ältesten und bedeutendsten Margarinewerke Europas. Verkaufsstellen befanden sich ebenfalls in Flensburg, aber auch in Husum (37/1896). Im Jahre 1900, also drei Jahre bzw. ein Jahr nach Produkteinführung, veröffentlichten beide im Husumer Wochenblatt Anzeigen mit ihren jeweiligen Spitzenprodukten: Van den Bergh mit „Vitello" (5/1900) und Jurgens & Prinzen mit „Solo" (57/1900). Abgebildet wurde die würfelförmige Kartonverpackung als Markenzeichen (128/1904), ferner wurde mit der Hausfrau als Zielgruppe (50/1905) und dem Konsumort Dorf geworben (138/1904).

Husumer Wochenblatt 138/1904

Deutsche Firmen

Die Margarineproduktion in Deutschland begann 1872 mit der Gründung der Frankfurter Margarin-Gesellschaft, die im Husumer Raum 30 Jahre später mit der Marke Fama warb (61/1901). Weitere Fabriken kamen in Köln, Kleve, München, Nürnberg dazu sowie in und um Hamburg. 1885 wurden bereits 46 Betriebe gezählt, kleinere Fabrikationsstätten mit 420 Arbeitern, die für den lokalen Absatz produzierten. Hauptstandorte der Margarineindustrie waren Schleswig-Holstein, Altona, Hamburg und das Rheinland nahe der holländischen Grenze. Die ärmeren Schichten der Bevölkerung in den Ballungszentren wie Hamburg und dem Ruhrgebiet waren die Hauptabnehmer.[159]

Einer der größeren Anbieter im Husumer Raum waren die Bahrenfelder Margarinewerke A. L. Mohr aus Altona-Bahrenfeld, die seit 1891 im Husumer Wochenblatt mit ihren Produkten der Marke FF (117/1891), Mohra (20/1903), Siegerin (148/1910) und der Pflanzenmargarine Palmato (240/1910) warben. Überregionale Bedeutung besaß die 1876 gegründete Fritz Homann AG in Dissen am Teutoburger Wald, die seit 1882 Margarine produzierte und mit der Süßrahmmargarine, Marke Frauengunst (60/1901), in der Husumer Zeitung warb.

Neben den Großproduzenten wie Unilever finden sich vor 1914 eine Reihe von schleswig-holsteinischen Anbietern wie die Actien-Gesellschaft, vorm. Krog, Evers & Co. aus Flensburg mit der Marke Extra (111/1896), die Firma C. & G. Müller, Voorde bei Kiel, Holsteinische Margarine und Speisefettwerke mit der Marke Müllers Köstliche (22/1911), die 1907 gegründete Holsteinische Pflanzenbutterfabriken Wagner & Co. Elmshorn mit der Marke Echte Wagner (103/1909). Auch zwei Husumer Margarineproduzenten warben im Hususmer Wochenblatt für ihre Produkte: Rolandsmühle Husum mit der Marke Rolands Margarine (158/1913) und die beiden Marken Husema Pflanzenbutter und Friesengold der Husema Einkaufsgenossenschaft für den Lebensmittelhandel im Kreis Husum (284/1912).

Konsumenten

Einkäufe Lehnsmann Peters

Eine Quelle über die Verbrauchsmengen in einem bäuerlichen Privathaushalt stammt aus dem letzten Drittel des 19. Jahrhunderts von Johannes Peters (1834 bis 1912), Lehnsmann in Tetenbüll von 1857 bis 1907. Überliefert sind die Einnahmen und Ausgaben für die Jahre 1880 bis 1884 sowie für die Jahre 1894 bis 1897. Johannes Peters führte für die angegebenen Zeiträume Einnahmen des Hofes aus dem Verkauf von Butter, Milch und Käse auf, ferner Ausgaben für „Allerlei", das waren Haushaltsgegenstände, Kleidung, Beleuchtung, Trinkgelder, Arbeitslöhne für Wollespinnen oder Nähen, Almosen, Waschmittel und Ähnliches.[160] Interessant für die Thematik Markenwaren sind die Aufzeichnungen zwischen 1894 und 1897, da erstmals der Konsum nicht nur von Butter, sondern auch von Margarine aufgezeichnet wurde.

Im Jahr 1897 betrugen die Gesamtausgaben für Lebensmittel 222,90 M. Den Hauptteil an den Ausgaben nahmen Fleischprodukte ein, ein Betrag von 92,76 M oder 41,6 %. Während für Gewürze und Genussmittel 20,88 M oder anteilig 9,4 % ausgegeben wurden, wurden für Speisefette insgesamt 35,55 M oder knapp 16 % der Gesamtsumme aufgebracht: Butter (25,75 M = 11,6 %), Margarine (7 M = 3,2 %) und Schweinefett (2,80 M = 1,3 %). Im Anzeigenteil des Husumer Wochenblatts tauchen seit Beginn der 1880er Jahre andere Anbieter und Angebote von Margarineproduzenten auf, wie die Margarine- und Sparbutter-Fabrik Schmid und Riethmüller aus Ulm (108/1881), die Holsteinische Margarinefabrik Ed. Tavernier & Co. aus Altona (108/1889) und die Mannheimer Cocusnuß Butter, später Palmin von Heinrich Schlinck (14/1890; 23/1897).

Um 1900 können als Lieferanten der Husumer Lebensmittelgeschäfte die acht Margarinefabrikanten gelten, die in einer Gemeinschaftsanzeige im Husumer Wochenblatt eine Preiserhöhung für ihre Produkte angekündigt hatten: Krog, Ewers & Co. in Flensburg, van den Bergh in Kleve, Brönser Margarinefabrik in Bröns, Jurgens & Prinzen in Goch, Knarhoi in Sonderburg, A. L. Mohr in Altona-Bahrenfeld, Muller in Gildehaus und Rositzky & Witt in Altona-Ottensen (104/1901).

Im Husumer Raum kostete im Jahre 1901 1 Pfd. Meiereibutter zwischen 1,15 M und 1,25 M (57/1901 und 120/1901). Hofbutter (Mischbutter mit Margarinezusatz) kostete 0,95 M (51/1901). Margarine gab es je nach Qualität das Pfund für 0,70 bzw. 0,55 M (32/1901), auch als Bauernbutter (0,75 M) (72/1901), Bratbutter (0,75 M) (98/1901) oder Buttterersatz (0,70 M/0,60 M) (110/1901) bezeichnet.

Jahr	Butter Pfd.	Butter Preis	Margarine Pfd.	Margarine Preis	Schweinefett Pfd.	Schweinefett Preis	Durchschn. Butter	Pfund[161] Margarine
1894	43	52,55	0	0,00			1,22	
1895	50	55,50	0	0,00			1,11	
1896	45	62,20	9	6,30			1,38	0,70
1897	23	25,75	10	7,00	4		2,80	0,70

Einkäufe Wilhelm Clausen 1897–1899

Das Warensortiment wuchs im zweiten Drittel des 19. Jahrhunderts immens an. Nicht allein das absolute Mengenwachstum der Konsumgüter, auch die enorm anwachsende Zahl unterscheidbarer Produkte und unterscheidbarer Qualitäten bestimmte die Konsumgesellschaft des Kaiserreichs.[162] Die wichtigste Veränderung war der Trend zum fertigen Produkt. Es begann eine zunehmende Verlagerung auf fertige, direkt gebrauchsfähige Güter. An die Stelle der Tuche traten Kleider, Decken oder Gardinen, an die Stelle von Leder Schuhe, Taschen und Koffer. Hiervon profitierte der Kleinhandel. Er garantierte nicht mehr nur die Basis- und Ergänzungsfunktion des Haushaltes, sondern umgriff immer stärker die gesamte häusliche Sphäre.[163] Diese Entwicklung des Kleinhandels im ländlichen Bereich wird im Folgenden an zwei Beispielen dargelegt, anhand des Einkaufsbuch von Clausen aus der Sicht eines Konsumenten und anhand des Kontobuchs des Kaufladens Lorenzen aus der Sicht des Händlers.
Als Quelle für eine private Haushaltsführung aus dem zweiten Drittel des 19. Jahrhunderts wird das Conto-Buch von Wilhelm Clausen (1852 bis 1938) aus Tetenbüll herangezogen, in die seine Einkäufe bei dem Kaufmann Gustav Broders Ww. verzeichnet sind.[164] Wilhelm Clausen verheiratete sich 1854 mit Frauken Marie Cornils (1860 bis 1941). Der Laden von Gustav Broders befand sich an der Dorfstraße von Tetenbüll, dort, wo sich später bis 1996 der Laden von Herbert Schmidt befand, und wurde von 1880 bis 1900 von der Familie Broders betrieben.[165] Die Einträge im Conto-Buch datieren vom 15. Oktober 1897 bis zum 5. Juni 1899. Im Tabellenanhang findet sich eine Tabelle mit der Auswertung der Einkäufe nach Warengruppen.
Es wurden 487 Einkäufe in den 16 Monaten von Oktober 1897 bis Januar 1899 getätigt und 160 unterschiedliche Artikel eingekauft. Sie deuten auf eine Vorratswirtschaft hin (Einmachen, Konservieren), umfassen Lebensmittel, Genussmittel und Gewürze, Drogeriewaren, verschiedenste Gerätschaften und Saaten, Haushaltsartikel, Textilien und Kurzwaren sowie

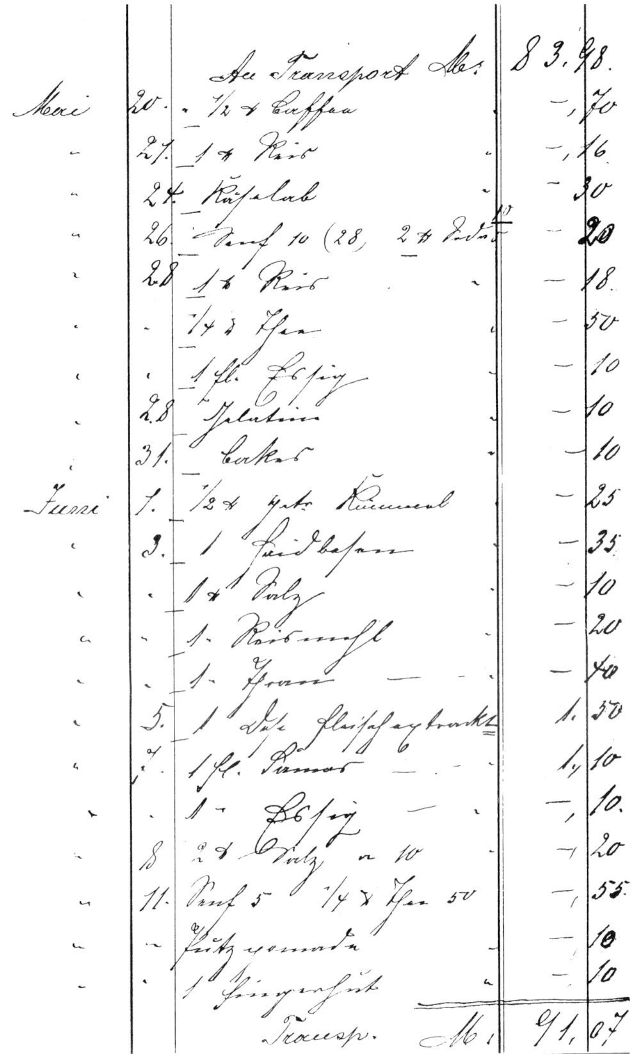

Auszug Conto-Buch von Wilhelm Clausen, Tetenbüll, 1898

Kolonialwarenladen Bete in Tetenbüll

Schreibwaren und Geschenkartikel. Auffallend sind der Kauf von Schmuckartikeln und zweier Vögel. Frischware (Gemüse, Eier, Butter, Käse) wurde nicht in diesem Laden erworben.
Den größten Anteil an den Einkäufen nahmen Lebensmittel ein, vor allem Hülsenfrüchte, Erbsen, Graupen, Sago, Mehl, Zucker (Farin), Salz, Reis, Essig, Gewürze. Fettprodukte außer Speiseöl wurden nicht verzeichnet, Butter oder Margarine wurde wohl anderweitig bezogen. Fleischprodukte wurden bei Broders ebenfalls nicht gekauft, nur einmal taucht der Posten Leberwurst auf. Bei den Waren fällt der Bezug von „Käselaab" auf und deutet darauf hin, dass Wilhelm Clausen Käse produzierte. Im Anhang des Kontobuches findet sich eine Aufstellung von Käselieferungen an Kunden in Garding, Tönning und sogar Husum.
Zur Rubrik Genussmittel gehören vor allem Tabakprodukte, Zigarren, Pfeifenköpfe, loser Tabak, Tee und Kaffee, wie auch Süßigkeiten und Kakao.

Der Bedarf an Haushaltswaren umfasste vor allem Beleuchtungsmaterialien wie Petroleum, Tran, Zündhölzer, Stearin Lichte und Leuchter, ferner Töpfe und Besen, selbst ein kleiner Sparherd ist verzeichnet. Auch die beiden gekauften Vögel wurden in diese Rubik eingeordnet.
Zum Bereich Drogerieartikel gehörten zum einen Produkte für die Reinigung und Hygiene wie Soda, Seife, Creme, Putzmittel, zum anderen Farben und Sämereien, Insektenpulver, Konservierungs- und Bleichmittel sowie medizinische Hausmittel.
Der Kleidungsbedarf setzte sich neben einem Schlips auch aus Perlen, einem Ring, Schuhen, Holzschuhen, Uhrketten und Brillengläsern zusammen.
Zu den Schreibmaterialien gehörten vor allem Federn, Federhalter und Papier. Zu den Werkzeugen wurden Nägel, Draht, Rohrstücke gezählt, Kurzwaren umfassten vor allem Meterware wie Gummiband, Spitze, verschiedene Garne, Knöpfe und Fingerhüte.

Alkohol wurde bei Broders kaum bezogen, einmal eine Flasche Samoswein und Kümmel. Bier und andere Spirituosen sind nicht verzeichnet.
Eine vergleichende Interpretation lässt sich auf Grund der Quellenlage nicht durchführen, doch deckt sich der Befund über Warensortiment und Einkaufsverhalten weitgehend mit den Ergebnissen der Untersuchung von Spieker.[167] Auffallend ist auch hier, dass der Konsum von Genussmitteln zu den Eckpfeilern des Lebensstandards der Familie Clausen zu zählen ist. Bei der Rubrik Kleidung fallen die Produkte des repräsentativen Konsums auf (Schmuck), bei den Drogerieartikeln die für Sauberkeit und persönliche Hygiene.
An „modernen" Produkten der Nahrungsmittelchemie tauchen in der Einkaufsliste von 1897/99 folgende Artikel auf: Öl (11x), Fleischextrakt (1x), Erbswurst (1x), Cakes (2x) und Schokolade (1x). Margarine wurde nicht gekauft. Die Ausgabe umfasst 7,83 M (= 4,4 %), wobei der Anteil von Speiseöl am größten war. Wie Ernst Payns aus seiner Lehrzeit im Kaufmannsladen Wilhelm Jensen in Oldenswort berichtete, war das Speiseöl ein über das ganze Jahr wichtiger Verkaufsartikel. Zu Weihnachten wurde es für Förtchen gebraucht, ein regionaltypisches Gebäck, sonst diente das Öl, mit Talg vermischt, als Brotaufstrich.[168]
Der Bereich der Drogerieartikel, der Reinigungs- und Hygienemittel umfasste: Waschpulver (1x), Lessive Phenix (Seifenpulver, 4x),[169] Lanolin-Seife (4x), Hamburger Pflaster (1x), Heftpflaster (2x), Putzpomade (1x), und bildete einen Ausgabenposten von 3,83 M (= 2,15 %). Glanzstärke wurde nicht bezogen, man verwendete weiterhin Amidam. Kaffeeersatz wie Kathreiner oder Lindes wurde nicht eingekauft, die Familie Clausen leistete sich offenbar Kaffeebohnen, nur einmal sind Zichorien verzeichnet. Weiter aufgeführte Markenartikel wie Sagonal (2x) und Spudactison (1x) konnten nicht identifiziert werden, wurden aber in der Auswertung zu den Drogerieartikeln gezählt.
Markenartikel und industriell gefertigte Waren haben vor 1900 noch nicht die Bedeutung im ländlichen Raum erlangt, die man ihnen, gemessen an dem Werbeaufwand in der Husumer Regionalpresse, zuschreiben könnte, gehörten aber durchaus zum Warenangebot des Dorfladens in Tetenbüll. Sie belegen, trotz überwiegend traditionellem Kauf- und Verbraucherverhalten, den Konsumbedarf der ländlichen Kundschaft an den neuen Markenprodukten.
Nahrungsgewohnheiten änderten sich mit Blick auf die neuen Nahrungsmittel und Konservierungsmethoden nur langsam. Gerade die Zeit bis zum Ersten Weltkrieg ist als Übergangszeit zu betrachten, wo alte Konsumgewohnheiten neben neuen Verbrauchsmustern festzustellen sind. Besonders im Bereich der Genussmittel (Tabak, Ersatzkaffee, Gewürze), der Beleuchtung (Petroleum) oder neuer Nahrungsmittel (Fleisch-Extrakt, Cakes) lassen sich zahlreiche Übergänge feststellen. Im Lebensmittelbereich gewannen fertige Produkte zunehmend an Bedeutung. Suppenpräparate und Würzen wurden zum Kennzeichen schneller Küche, zugleich vertrauten die Hausfrauen in wachsendem Maße chemischen Reinigungsmitteln.[170] Ohne Zweifel ist erst in den 20er Jahren den Markenwaren der Wasch- und Reinigungsmittelindustrie und der Fettindustrie der Durchbruch auch im ländlichen Kolonialwarenladen und Haushalt gelungen.

Kaufmannsladen Lorenzen 1927–29

Da vom Kolonialwarenladen der Familie Peters keine Kontobücher überliefert sind, wurden alternativ andere Anschreibebücher hinzugezogen. Das ausgewertete Kontobuch des Kaufmanns Lorenzen aus Osterhever umfasst den Zeitraum von Juni 1927 bis Juni 1929. Die Kundschaft kam aus Osterhever und den Ortschaften Westerhever, Neu Augustenkoog, Poppenbüll, Garding, Wasserkoog, Tetenbüllspieker und Sieversfleth. Dazu gehörte auch die Meierei in Osterhever. Aber auch Kunden der Nordseeinsel Pellworm wurden beliefert, wahrscheinlich über den kleinen Sielhafen Tetenbüllspieker.
Die Tabelle auf Seite 76/77 gibt einen Überblick über das Warensortiment des Kaufladens Lorenzen. 352 Artikel wur-

den zu Warengruppen zusammengefasst, wie sie vergleichbare Untersuchungen vornehmen, wie die von Susanne Götz[171] über die Warenversorgung im ländlichen Unterfranken oder Ira Spieker über den Dorfladen der Familie Samson in Atteln für den Zeitraum 1888 bis 1906.[172] Ferner ist als Basisliteratur zur Rolle des Kleinhandels und zur Veränderung des Warensortiments in der Kaiserzeit die grundlegende Untersuchung von Spiekermann heranzuziehen.[173]

Diese Studien belegen aus ganz unterschiedlichen Zusammenhängen das typische Warensortiment eines Dorfladens. Frischware wie Obst und Gemüse wurde aus dem eigenen Garten geerntet oder auf dem Wochenmarkt erstanden. Lediglich Äpfel und Apfelsinen, Salat und einige Kohlsorten waren im Angebot. Ähnlich war es mit dem Verkauf von Eiern. Hühner wurden selbst gehalten oder Eier vom Bauern bezogen. Milchprodukte fanden sich ebenfalls kaum im Sortiment der Dorfläden. Butter, Sahne, Sauerrahm und Milch wurden ebenfalls in eigener Landwirtschaft hergestellt oder vom Bauern bezogen, mit Ausnahme von ein oder zwei Sorten Käse. Bei Lorenzen konnte auch Käselab zur Herstellung von eigenem Käse erstanden werden.

Backwaren, Fleisch und Wurst wurden in den örtlichen Bäckereien oder Metzgereien gekauft oder selbst gebacken oder geschlachtet.

Auch der Verkauf von Getränken wie Sprudel oder Saft war eine spätere Entwicklung, ausgenommen Alkoholika wie Wein oder Schnaps.

Viele Lebensmittel wurden lose verkauft. Sie lagerten in Blechdosen, Keramikgefäßen, Fässern, Holzkisten und Schubladen. Zum Verkauf wurden die Waren abgewogen und in Papiertüten und mitgebrachte Behältnisse abgefüllt. Zu den offen vertriebenen Waren gehören Hülsenfrüchte, Nudeln, Zucker, Salz, Gewürze, Sauerkraut, Essig und Öl. Lose wurden aus Fässern Bücklinge und Sprotten verkauft. Auch Bohnenkaffee und Tee gab es lose. Aber die Kaufleute boten ihre Spezialmischungen, wie Ernst Payns berichtete, in besonders guten Pergament-Spitztüten an, die mit einem vom Kaufmann entworfenen Klischee bedruckt waren.[174]

Neben den Lebensmitteln und Kolonialwaren gehörten Tabak und Rauchwaren zum wichtigen Bestandteil des Sortiments. Kautabak, Schnupftabak, Zigarren und Pfeifen verkauften sich gut. Seifen, Putz- und Waschmittel gehörten ebenfalls zu den häufig gekauften Artikeln einer Dorfhandlung. Im Angebot waren ferner Drogeriewaren und Kosmetika. Umfangreich war auch das Sortiment an Haushaltswaren, Glashäfen und Flaschen deuten auf eine Vorratswirtschaft hin. An Kurzwaren wurde allerlei zum Nähen und Ausbessern der Kleidung verkauft. Bei Kaufmann Lorenzen konnten auch hochwertige Kleidungsstücke wie Handschuhe, Hemden, Mäntel oder Schuhe bezogen werden. Ferner gab es ein kleines Angebot an Schreibwaren, Geschenkartikeln und Spielsachen. Im Angebot waren ferner saisonale Produkte wie Weihnachtskugeln, Konfirmationsgeschenke, Schultüten oder Kranzschleifen. Ein wichtiger Bereich umfasste Waren, die für die Reparatur in Haus und Garten benötigt wurden. Auch Artikel für die Landwirtschaft wurden angeboten wie Milchkannen, Pferdedecken oder Jagdgewehre. Zum Warensortiment gehörte der wichtige Bereich der Feuerung und Beleuchtung.

Methodische Probleme ergeben sich bei einer quantitativen Auswertung der Anschreibebücher aus der Zeit vor dem Zweiten Weltkrieg aus der Art und Weise, wie der Kaufmann den Warenartikel aufgeschrieben hatte. Wie das Anschreibebuch von Lorenzen zeigt, war es auch Ende der 20er Jahre eher üblich, den Gattungsbegriff der Waren wie Seifen- oder Backpulver zu notieren als den jeweiligen Markennamen des Produkts. Zweifellos nahm die Sensibilität für das Anschreiben des Markenartikels zu, doch bleibt dies ein Unsicherheitsfaktor hinsichtlich der Mengenauswertung.

Die Tabelle auf Seite 78/79 gibt einen Überblick über die Struktur der Waren, wie sie als eindeutig verpackte Waren identifiziert werden konnten, da sie mit dem Zusatz Paket, Tube, Dose, Flasche oder dem Markennamen versehen waren. Angesichts der methodischen Probleme können die Zahlenwerte dieser Mengenauszählung schwanken.

Von den 435 Einkäufen verpackter Ware entfiel der Hauptanteil mit 41 % auf Fettprodukte wie Margarine und

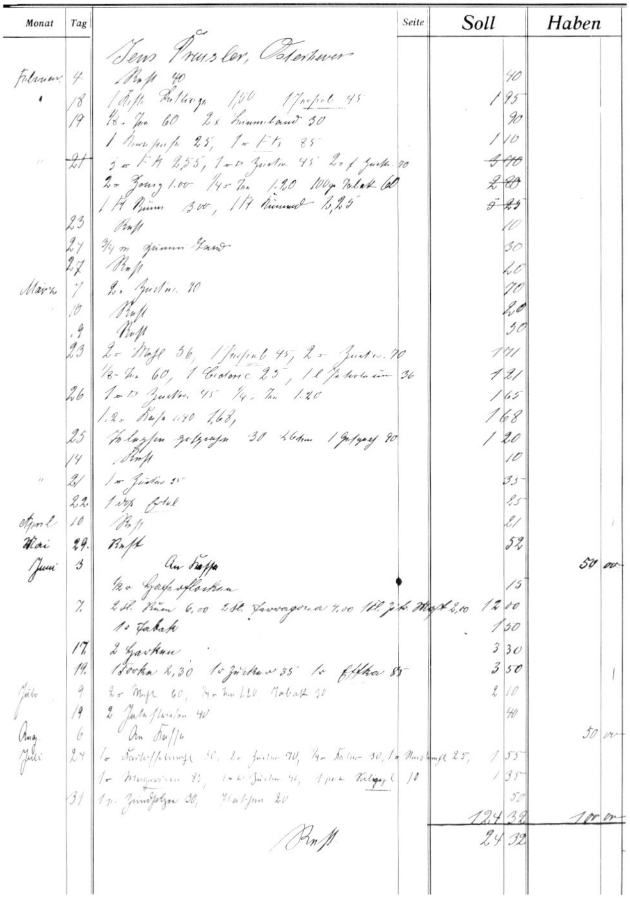

Auszug aus dem Hauptbuch Kaufmann Lorenzen, Osterhever 1928

Kokosfett. Eindeutiger Spitzenreiter war die Margarinesorte Effka der Firma Franz Kathreiner Nachfolger (58 %). Die Reinigungs- und Pflegeprodukte kamen auf einen Anteil von 26,3 %, wobei das Waschmittel Persil dominierte (44 %), gefolgt von der Schuhcreme Erdal (10,5 %), Ofenputz, Ata, Stärke, Sidol und Lederfett.

Die Haushaltshilfen standen an dritter Stelle der Markenartikel. Vermutlich waren alle 36 Artikel Oetker-Produkte, doch nur einmal wurde vom Kaufmann der Markenname Backin vermerkt. In dieser Warengruppe dominierte Backpulver mit 63,8 %.

Von den Suppenwürfelprodukten wurden nur die von Maggi notiert, Produkte anderer Firmen wie Knorr oder Liebig tauchen nicht auf.

Von den Kaffeesurrogaten war Kornkaffee der Firma Franck am beliebtesten (58,8 %), gefolgt von Natronkaffee (35,2 %), und belegt die weiter oben getroffene Aussage, dass Zichorie als Kaffeesurrogat nach dem Ersten Weltkrieg bedeutungslos geworden war.

In den Rubriken Nährmittel und Sonstiges war der Einkauf von Zündhölzern noch nennenswert. Auffallend ist der geringe oder fehlende Anteil an Hygiene- und Pflegeprodukten wie Hautcremes, Zahnpulver oder Haarshampoo, die entweder keine Rolle spielten oder in einem anderen Laden verkauft wurden.

Pflanzenfett, Seifenpulver und Putzmittel waren vielfach Markenartikel. Hohe Markenartikelanteile wiesen ferner Kaffeesurrogate, Stärke/Nährmittel (Puddingpulver, Maisprodukte, Suppen) auf, ebenso Margarine sowie Schokolade, Kern- und Fettseife. Bei Tee, Kakao, Zucker- und Backwaren, Zündhölzern, Öl, Essig und Senf dominierten Markenartikel die lose Ware. Praktisch bedeutungslos waren Markenartikel bei Kaffee, Gewürzen, getrockneten Südfrüchten, Konserven, Marmeladen, Zucker und Molkereiprodukten. Die klassischen Kolonialwaren wurden meist lose angeboten. Sie unterschieden sich von den anderen Waren einzig durch ihre spezielle Verpackung und Beschriftung. Manche Markenartikel wie Petroleum und Speiseöl wurden lose verkauft..[175]

Resümee

Die Durchsetzung der Markenwaren im ländlichen Raum ist ein äußerst vielschichtiger Prozess, der von sehr verschiedenen Aspekten her beleuchtet werden kann. Wie Spiekermann in seiner Untersuchung betonte, entwickelte sich der Kleinhandelssektor regional sehr unterschiedlich. Selbst Produkte, die stellvertretend für den Aufschwung ganzer Industrien standen, setzten sich reichsweit nur langsam durch. Maggi's Würze war auf dem deutschen Markt seit 1887 präsent, doch in Hamburg wurde sie erst um die Jahrhundertwende in den Kolonial- und Fettwarengeschäften vertrieben.[176]

Dieser Beobachtung ist zuzustimmen wie auch der These von Ira Spieker, dass die Verbreiterung des Warensortiments und die Durchsetzung von Markenartikeln auf dem Lande aufgrund des höheren Grades der Selbstversorgung abgeschwächter und verzögerter stattfand.[177] Die Frage bleibt jedoch offen, in welchem Tempo und in welchen Schüben dieser Prozess stattfand und wie er sich innerhalb der einzelnen Warengruppen darstellt. Diese Entwicklung war von einer Reihe von Faktoren abhängig. Zum einen waren es gesamtgesellschaftliche und wirtschaftliche Bedingungen wie Weltkriege, Inflation und die Krise der Weimarer Republik, die einerseits die Weiterentwicklung verzögerten, zum anderen zu Firmenzusammenbrüchen und zu Konzentrationsprozessen wie Unilever führten. Gesetzliche Regelungen des Staates wie das Marken- und Warengesetz zum Schutz der Hersteller vor Nachahmungen kamen hinzu, die das Entwicklungstempo weiter beschleunigten.

Auch war der Durchsetzungsprozess abhängig von technischen Entwicklungen, wie sie die Eisenbahn als neues Transportmittel bot. Bedeutsam für den Erfolg des Markenartikels wurde die Entwicklung der Firma selbst, ihr Wachstum und ihre Produktionskapazität, den wachsenden Markt zu beliefern, ferner die Rolle, die der Hersteller der Werbung zumaß und die Werbemöglichkeiten, die er in Anspruch nahm.

Gerade zu Ende des 19. und beginnenden 20. Jahrhunderts lag der Ausgangspunkt für eine rasante Entwicklung im Produktdesign und einem neuen Berufsfeld, dem Werbe- und Gebrauchsgrafiker. Dem Engagement einiger weniger Unternehmer war es zu verdanken, dass Künstler sich der Warenverpackung annahmen, die zu Wegbereitern für das Bauhaus-Design und die Gründung des Deutschen Werkbundes wurden. Auch gaben einzelne Künstler oder Kunstrichtungen um die Jahrhundertwende der Werbegraphik wesentliche Impulse, wie beispielsweise der Jugendstil oder der Konstruktivismus, die auf die neuen Bedürfnisse des ausgehenden 19. Jahrhunderts eingingen, im Zeichen von Massenkultur Verstädterung und Konkurrenz eine künstlerisch ansprechende Werbung zu gestalten.[178]

Diese Entwicklung spiegelte sich nur an wenigen Beispielen in der Husumer Zeitung wider. So lässt sich im Wesentlichen in den Anzeigen von Kathreiner Malzkaffee der allgemeine Wandel von aufklärenden Textanzeigen des Gesundheitskaffees (58/1882) über neue graphische Elemente (258/1913) bis hin zu Lifestyle und Lebensgenuss (256/1926) belegen. Mit einer Ausnahme findet sich keine von den großen Werbekünstlern gestaltete Annonce im Husumer Blatt. Die Firma Heinrich Schlinck aus Mannheim, die das Pflanzenfettprodukt ab 1887 unter dem Namen „Mannheimer Cocusbutter" und ab 1894 unter dem Markennamen Palmin vertrieb, veröffentlichte ab 1904 Anzeigenserien des Werbegrafikers Ivo Puhonny (1876-1940), eines in Baden-Baden lebenden tschechischen Malers. Publiziert wurden die berühmten Palmen (140/1904), die drei Damen der gehobenen Gesellschaft (127/1907) wie auch verschiedene Bilderserien, darunter „Teure Zeiten" (291/1912).

Im Anzeigenteil der Husumer Zeitung spiegelt sich mehr die ungeheure Vielfalt der Produkte und die Vielzahl lokaler, regionaler und landesweiter Anbieter von Konkurrenzprodukten wider, in der die Hersteller der späteren großen Markennamen eingebettet waren und sich teilweise kaum abhoben. Als Gegenbeispiele können die Annoncen mit bildhafter Gestaltung angeführt werden, wie das Rahma-Mädchen

(210/1924), der Erdal-Frosch (29/1927) oder der Persil-Professor (224/1926).
Mit aller Vorsicht kann aufgrund der Quellenbasis eine Verbreiterung des Einkaufssortiments aus der Sicht des Konsumenten Wilhelm Clausen zu Ende des 19. Jahrhunderts festgestellt werden, im Wesentlichen im Bereich der Reinigungs- und Kosmetikprodukte und Drogerieartikel, in geringem Maße bei Nahrungsmitteln. Zu der Hauptsache werden Warengruppen und keine Markennamen genannt mit Ausnahme des Seifenpulvers Lessive Phenix (2/1897).
Dreißig Jahre später wird am Beispiel des Hauptbuches des Kaufmanns Lorenzen eine nochmalige Erweiterung des Warensortiments um zahlreiche Markenartikel sichtbar sowie eine stärkere Ausdifferenzierung nach einzelnen Markenbezeichnungen innerhalb der Warengruppen. Zu Ende der 1920er Jahre hatten sich Reinigungs- und Pflegemarken weiter etabliert, ergänzt um Markenprodukte der Fettindustrie und der Haushaltshilfen. Aus dem Blickwinkel der Firmengeschichten ergab sich eine Vielfalt der Motive auf Plakaten und Emailschildern, die auf eine breite Palette der zielorientierten Werbung und der Verbraucherinformation verwiesen. Aus Sicht der Anzeigenwerbung der Firmen im Husumer Wochenblatt jedoch wurden teilweise große Zeitverzögerungen zwischen der Einführung eines Produkts und seiner Konsummöglichkeit im Husumer Raum festgestellt. Es lässt sich jedoch keine Typisierung nach Warengruppen oder eine Periodisierung vor oder nach 1900 festmachen, denn sowohl bei Waschmitteln, Margarine oder Kornkaffee finden sich kurze (Persil, Kathreiner, Vitello und Solo) wie auch sehr lange Zeitdifferenzen (Franck, Maggi, Beiersdorf, Oetker).
Große Namen entstanden um 1900, die noch heute unseren Alltag bestimmen, selbst wenn sie in internationalen Konzernen aufgegangen sind. Einige von ihnen sind tief in unseren Sprachgebrauch eingedrungen und haben sich vom Markenbegriff abgelöst und sind zu einem Gattungsbegriff geworden wie Uhu für Klebstoff, Tempo für Papiertaschentücher, Maggi für Suppenwürze, Nivea für Hautcreme, Persil für Waschmittel oder Weck für Einkochen.

Dank

Der besondere Dank des Fördervereins Haus Peters e.V. gilt folgenden Institutionen, Firmen und Vereinen, die mit Fördermitteln diese Ausstellung und den Begleitband finanziell unterstützt haben:
Dr. August Oetker Nährmittel KG, Bielefeld
Heimatbund der Landschaft Eiderstedt
Henkel KGaA, Düsseldorf
Kulturstiftung der Sparkasse Nordfriesland
Ministerium für Bildung, Wissenschaft, Forschung und Kultur des Landes Schleswig-Holstein
Ministerium für ländliche Räume, Landesplanung, Landwirtschaft und Tourismus des Landes Schleswig-Holstein
Provinzial Brandkasse Kiel
Volksbank-Raiffeisenbank eG Husum

Ein weiterer Dank geht an die Stiftung Nordfriesland, Schloss vor Husum, für die großzügige Bereitstellung von Exponaten.

Ein Dank gilt dem Kreisarchiv Nordfriesland, Husum und der Bibliothek des Nordfriesischen Museums Ludwig-Nissen-Haus, Husum.

Ein herzlicher Dank gilt der Fotografin Susanne Backens aus Husum für ihre Arbeit an den drei Begleitbänden.

Kontobuch Kaufmann Lorenzen, Osterhever
Warensortiment 1927 bis 1929

Warengruppe	Warenart 349 Artikel		
Lebensmittel	Äpfel	Kartoffelmehl	Sago
59	Apfelsinen	Käse	Salat
	Backobst	Käselab	Salz
	Bierwurst	Kohl	Schmalz
	Brot	Korinthen	Schweinefett
	Eier	Leberwurst	Senf
	Erbsen	Lorbeerblätter	Sirup
	Essig	Mandeln	Speck
	Essigsprit	Mehl	Stange Vanille
	Gerstengrütze	Mischkaffee	Streuzucker
	Gest (Hefe)	Marzipan	Tee
	Gewürze	Muskatblüte	Weinessig
	Gries	Nelken	Weißkohl
	Haferflocken	Pfeffer	Würfelzucker
	Honig	Pflaumen	Wurst
	Ingwer	Reismehl	Zichorie
	Kaffee	Rollmops	Zimt
	Kakao	Rosinen	Zitronen
	Kandis	Rotkohl	Zucker
	Kardamom	Safran	
Süßwaren	Bisquits	Salmiakpastillen	Waffeln
9	Bonbons	Schokolade	Zwieback
	Kuchen	Schokoladen-	
	Lakritze	plätzchen	
Marken-	Backpulver	Maispuder	Scheuerpulver
waren	Bleichsoda	Makkaroni	Schuhcreme
37	Bohnerwachs	Margarine	Seife
	Gelantine	Metallputz	Seifenpulver
	Haferflocken	Natronkaffee	Stärke
	Hafermehl	Öl	Suppenwürfel
	Heftpflaster	Ofenputz	Vanillezucker
	Heftzwecken	Puddingpulver	Waschpulver
	Keks	Putzpomade	Zichorien
	Kernseife	Rote Grütze	Zitronenöl
	Klebstoff	Rum	Zündhölzer
	Kokusfett	Salicyl	
	Kornkaffee	Shampoo	

Warengruppe	Warenart		
Konserven	Bücklinge	Dose Leber-	Dose Würstchen
9	Dose Bohnen	wurst	Glas Anchovis-
	Dose Heringe	Dose Rollmops	fische
		Dose Wurst	Sprotten
Getränke	Aquavit	Likör	Wein
14	Fl. Bier	Punsch	Weinbrand
	Grog	Saft	Zitronenmost
	Kümmel	Selter	Zitronensprudel
	Limonade	Sprudel	
Spielwaren	Auto	Masken	Zauberkasten
5	Bosel	Mundharmonika	
Schreib-	Bleistift	Karte	Pergamentpapier
waren	Briefpapier	Karton	Schreibfedern
12	Geburtstagskarte	Notizheft	Schreibheft
	Griffel	Packpapier	Glas Tinte
Haushalts-	Aluminiumbecher	Kessel	Scheuerschwamm
waren	Besen	Kinderbett	Schüssel
64	Betten	Klinge	Seifennapf
	Beutel	Kohlenschaufel	Spaten
	Bindfaden	Küchenmesser	Spiegel
	Blumenkübel	Leine	Stiel
	Blumentöpfe	Löffel	Tafel
	Bürste	Luftpumpe	Tasse
	Butterdose	Margarinekisten	Teekessel
	Darm	Markise	Teetopf
	Eimer	Matratzen	Teller
	Fahrrad	Matte	Töpfe
	Fensterbürste	Milchtopf	Topfschwamm
	Feudel	Pedalen	Uhr
	Flaschen	Plätteisen	Uhrkette
	Gläser	Plättkohlen	Wärmflasche
	Glashafen	Portemonnaie	Waschbrett
	Glasteller	Puddingform	Wäscheklammern
	Handkoffer	Riemen	Waschgeschirr
	Handwaschbürste	Schaufel	Zinkeimer

Warengruppe	Warenart		
	Holzllöffel	Schaumschläger	
	Kamm	Schere	
Werkzeug/ Landw. Bedarf 47	Benzin	Kuhstriegel	Schmergel
	Drahtgeflecht	Maschine	Schmieröl
	Drahtspanner	Maschinenöl	Seile
	Drahtstifte	Milchkanne	Sense
	Eisen	Nägel	Sensenbaum
	Forke	Peitsche	Sensengarnitur
	Gummigarnitur	Peitschenschnur	Sensenschneider
	Gummisauger	Pferdedecken	Sensenstreicher
	Gummischlauch	Pferdestriegel	Spaten
	Hammer	Pinsel	Tau
	Harke	Quast	Viehdecken
	Jagdgewehr	Rad & Geschirr	Wagenfett
	Jagdpatronen	Raddecke	Weidedraht
	Jutestricke	Radmantel	Weidezaun
	Kardätschen	Radschlauch	Zollstab
	Krampen	Radteile	
Drogerie-waren 19	Essigsauretonerde	Lederfett	Rostentferner
	Fliegenfänger	Magnesia	Salben
	Fußboden	Mausefallen	Salmiakgeist
	Glyzerin	Ocker	Sämereien
	Gummilösung	Rasierklingen	Seife
	Heilkraft	Rasierseife	Soda
	Insektenpulver	Rasierspiegel	Viehwaschpulver
	Königsrot	Rattenfallen	Wäscheblau
	Lackpulver	Rizinsuöl	Wasserglas
			Zinkrot

Warengruppe	Warenart		
Feuerung/ Beleuchtung 19	Batterie	Kienruß	Lichte
	Briketts	Kohlen	Petroleum
	Gasofen	Lampe	Stearin
	Gastube	Lampendocht	Streichhölzer
	Holzkohle	Lampenglas	Talg
	Koks	Laterne	Taschenlampe
			Weihnachtslichte
Kurzwaren 19	Fingerhut	Maschinenzwirn	Spangen
	Gummiband	Perlmuttknöpfe	Stecknadeln
	Haarnadeln	Schuhbänder	Stopfgarn
	Haarnetz	Schnürbänder	Stopfnadeln
	Hosenträger	Seidenband	Tischdecke
	Leinenknöpfe	Sicherheitsnadel	Wollgarn
			Zwirn
Rauchwaren 12	Kautabak	Pfeifenspitze	Schakpfeife
	Pfeife	Pfeifenzubehör	Tabaksdose
	Pfeifenbeschlag	Rolltabak	Zigaretten
	Pfeifenhalter	Tabak	Zigarren
Kleidung 14	Handschuhe	Mantel	Schuhe
	Hemd	Pantoffel	Socken
	Holzschuhe	Rucksack	Strümpfe
	Hosen	Sandalen	Turnschuhe
	Jumper	Schürze	
Dienst-leistung	Telefon	Autofahrt	

Kontobuch Kaufmann Lorenzen, Osterhever
Markenwaren, Juni 1927 bis Juni 1929

Warenart	Häufigkeit	Preis	Bemerkungen	Prozent	Prozent
Fettprodukte				Gruppe	Gesamt
Margarine	53	85	ohne Markenbezeichnung	29,80	12,20
Effka	103	90/85	Fa. Kathreiner Nachfolger	57,80	23,70
Anglita	15	85	Holst. Margarine ?	8,40	3,50
Paket Wagner	5	90	Fa. Wagner, Elmshorn	2,80	1,20
Fri-Ho-Di	1	85	Fa. Homann, Dissen		0,23
Palmin	1	90	Fa. Schlinck, Mannheim		0,23
Summe	**178**			**Summe**	**41,00**
Reinigung/Pflege					
Paket Persil	50	45	Fa. Henkel, Düsseldorf	43,80	11,50
Paket Schwan	2	35/30	Dr. Thompson, Sieglin, Düsseldorf		0,46
Paket Seifenpulver	4	35/25	Ohne Markenbezeichnung		0,90
Ata	6	20	Fa. Henkel, Düsseldorf	5,20	1,40
Paket Bleichsoda	2	15	ohne Markenbezeichnung		0,23
Paket Stärke	6	60/50/35	ohne Markenbezeichnung	5,20	1,40
Paket Lux	2	50	Seifenflocken, Sunlicht		0,46
Paket Sunlichtseife	4	45	Sunlicht, Mannheim		0,90
Flasche Sidol	6	25/20	Fa. Siegel, Köln	5,20	1,40
Paket Ofenputz	7	20/15	ohne Markenbezeichnung	6,10	1,60
Dose Bohnerwachs	3	1.00/0.50	ohne Markenbezeichnung		0,70
Flasche Fußbodenöl	3	1.00/0.90	ohne Markenbezeichnung		0,70
Dose Schuhcreme	1	25	ohne Markenbezeichnung		0,23
Dose Lederfett	6	90/50/45/30	ohne Markenbezeichnung	5,20	1,40
Dose Erdal	12	50/25/20	Werner & Mertz GmbH, Mainz	10,50	2,80
Summe	**114**			**Summe**	**26,30**
Haushaltshilfen					
Päckchen Backpulver	22	10	ohne Markenbezeichnung	61,10	5,10
Päckchen Backin	1	10	Fa. Oetker, Bielefeld		0,23
Paket Vanillezucker	3	10	ohne Markenbezeichnung	8,30	0,70
Glas Zitronenöl	1	10	ohne Markenbezeichnung		0,23
Paket Rote Grütze	2	15	ohne Markenbezeichnung		0,46
Paket Puddingpulver	2	10	ohne Markenbezeichnung		0,46
Paket Salicyl	5	10	ohne Markenbezeichnung	13,80	1,20
Summe	**36**			**Summe**	**8,30**

Warenart	Häufigkeit	Preis	Bemerkungen	Prozent	Prozent
Suppenwürfel					
Maggiwürfel	30	4	Maggi, Singen		6,90
Kaffeeersatz					
Paket Kornfranck	9	50/55	Heinrich Franck, Ludwigsburg	52,90	2,10
Paket Natronkaffee	6	35	ohne Markenbezeichnung		1,40
Paket Zichorie	1	25	ohne Markenbezeichnung		0,23
Kaffee Franck	1	35	Heinrich Franck, Ludwigsburg		0,23
Summe	17			Summe	3,90
Nährmittel					
Paket Keks	4	45	ohne Markenbezeichnung		0,90
Paket Haferflocken	2	40	ohne Markenbezeichnung		0,46
Paket Hafermehl	2	40/35	ohne Markenbezeichnung		0,46
Paket Makkaroni	2	45/35	ohne Markenbezeichnung		0,46
Summe	10			Summe	2,30
Sonstiges					
Fl. Pott Rum	1	3,50	Pott, Flensburg		0,23
Paket Zündhölzer	37	30/04	ohne Markenbezeichnung	74,00	8,50
Tube Klebstoff	5	30	ohne Markenbezeichnung		1,20
Dose Heftzwecken	4	15	ohne Markenbezeichnung		0,90
Heftpflaster	1	15	ohne Markenbezeichnung		0,23
Shampoo	2	20	ohne Markenbezeichnung		0,46
Summe	50			Summe	11,50
Gesamtsumme	435				

Conto-Buch von Wilhelm Clausen, Tetenbüll, 1897–1898

Warengruppen	Anzahl	%	Geldwert	%
Nahrung	249	51,13	56,55	31,88
Genussmittel	39	8,00	40,96	23,09
Haushalt	55	11,29	36,74	20,71
Drogerie	64	13,14	13,98	7,88
Kleidung	16	3,28	12,78	7,20
Werkzeuge	17	3,49	6,40	3,60
Kurzwaren	33	6,77	6,29	3,54
Alkohol	2	0,41	2,10	1,18
Schreibwaren	12	2,46	1,58	0,89
Summe	487	99,97	177,38	99,97

Anmerkungen

1 Seidel/Tillmann
2 Seidel
3 Götz, Susanne; Hinrichsen, Spiekermann, Spieker
4 Deichsel, S. 26f
5 Ottomeyer, S. 16ff
6 Borscheid, S. 29
7 Väth, S, 17
8 Borscheid, S. 30
9 Böcher, 21
10 Böcher, 22
11 Böcher, 21
12 Spiekermann, S. 519
13 Eine Heimat, S. 86 und S. 93
14 In aller Munde, S. 146f
15 Götz, Norbert, S. 30f
16 Borscheid, S. 36
17 Bäumler, S. 7
18 Engel, S. 121
19 Engel, S. 121
20 Spiekermann, S. 610
21 Brune-Berns, S. 102
22 Borscheid, S. 30
23 Spiekermann, S. 572 f
24 Gubig, S. 29
25 Verkaufsausstellung in Husum, 16/1879
26 Hinrichsen/Kunst, S. 8f; Lorenzen
27 Götz, Susanne, S. 3
28 Spiekermann, S. 509
29 Eine Heimat, S. 77f
30 Eine Heimat, S. 86
31 Spieker, S. 208
32 Spieker, S. 209
33 Spieker, S. 210
34 DEB, 21.6.1832
35 Butterfälschungsprozess in Bremen (109/1889)
36 HW 44/1890
37 Als Tante Emma, S. 12 f
38 Spiekermann, S. 529
39 Sell, S. 46
40 Schollmeyer, S. 12
41 Alle mögen's, S. 8; Alte Wäscherin (77/1900)
42 Sell, S. 22ff
43 1876-1976, S. 30
44 Schollmeyer, S. 14
45 Sell, S. 30f
46 Schollmeyer, S. 11
47 1876-1976, S. 30f
48 1876-1976, S. 33
49 1876-1976, S. 126
50 1876-1976, S. 40
51 1876-1976, S. 85
52 1876-1976, S. 48
53 1876-1976, S. 58
54 Schollmeyer, S.29ff
55 Schollmeyer, S. 64
56 1876-1976, S. 137
57 nach 1876-1976, S. 191 Dixin erst 1916
58 1876-1976, S. 63
59 Schollmeyer, S. 32
60 Spiekermann, S. 611
61 Alle mögen's, S. 50f
62 1876-1976, S. 108
63 Alle mögen's, S. 60
64 Alle mögen's, S. 80ff
65 Feldenkirchen, Anhang, S. 5
66 Alle mögen's, S. 70ff
67 90 Jahre, S. 31, 1876-1976, S. 67
68 1876-1976, S. 67
69 1876-1976, S. 137
70 Sartorius, S. 15
71 Sartorius, Bildanhang
72 Gubig, S. 7
73 Gubig, S. 10
74 Gubig, S. 16
75 Väth, S. 46
76 In aller Munde, S. 89
77 Väth, S. 26
78 Zeitdokument Werbung
79 HT 174/178// 252/1920
80 In aller Munde, S. 65
81 In aller Munde, S. 119
82 Väth, S. 13
83 Väth, S.12
84 Gubig, S. 18
85 Gubig, S. 33
86 Gubig, S. 82
87 Gubig, S. 93
88 Väth, S. 53
89 Väth, S. 88
90 Teuteberg, S. 84
91 Selter, S. 210
92 Selter, S. 203
93 Selter, S. 203
94 Selter, S. 192
95 Selter, S. 198
96 Selter, S. 194
97 Selter, S. 200
98 Teuteberg, S. 81f
99 Hinrichsen/Kunst, S. 8f
100 Teuteberg, S. 84
101 Erbswurst feiert 25jähriges Jubiläum, HW 103/1895
102 Teuteberg, S. 81
103 Bäumler, S. 46
104 Chmielewski-Hagius, S. 27
105 Seidel, S. 19ff
106 Sandgruber, S. 201f
107 Chmielewski-Hagius, S. 33 ff
108 Klein, S. 129
109 Oetker, S. 235f
110 Klein, S. 129f
111 Schwalbe, S. 262
112 Schwalbe, S. 263
113 Schwalbe, S. 262
114 Klein, S. 130
115 Schwalbe, S. 263f
116 Klein, S. 130
117 Schwalbe, S. 264
118 Schwalbe, S. 263
119 Klein, S. 130
120 Oetker, S. 235f

121 Schwalbe, S. 264
122 Schwalbe, S. 265
123 Abb. Soll und Haben, S. 21
124 Haas, S. 67f
125 Haidhauser Nachrichten , März 1997
126 Selter, S. 206
127 Heer, S. 346f
128 Heilbronner Firmengeschichte, 1994
129 Pelzer, S. 14
130 Pelzer, S. 18
131 Pelzer, S. 29
132 Pelzer, S. 30
133 Pelzer, S. 31
134 Pelzer, S. 34
135 Pelzer, S. 36
136 Pelzer, S. 47
137 Pelzer, S. 62
138 111 Jahre
139 Pelzer, S. 37
140 Pelzer, S. 38
141 Rehbein, S. 100, 109
142 Rehbein, S. 105
143 zit. nach 111 Jahre
144 HW 48/1907
145 111 Jahre
146 HW 117/1887
147 111 Jahre
148 Pelzer, 27
149 111 Jahre
150 Pelzer, S. 71
151 Koch, S. 41ff
152 Pelzer, S. 66
153 Pelzer, S. 66
154 Pelzer, S. 68
155 Pelzer, S. 65
156 Pelzer, S. 135f
157 Pelzer, S. 136
158 111 Jahre, Koch, S. 85
159 Pelzer, S. 22
160 Seidel, S. 68ff sowie Tabellenanhang S. 78ff
161 errechnet aus den Aufzeichnungen 1894-1987, Kreisarchiv A2/134, Bd. 3
162 Spiekermann, S. 505
163 Spiekermann, S. 506
164 Aus dem Nachlass von Gerd Kühnast, Breklum; siehe Tabelle S. 79
165 Auskunft von Johannes Glismann, Tetenbüll
166 Tabellenanhang S. 79
167 Spieker
168 Eine Heimat, S. 94
169 HW 23/1897
170 Spiekermann, S. 514
171 Götz, Susanne, S. 3 und S. 18f
172 Spieker, S. 197 ff
173 Spiekermann, S. 508ff
174 Eine Heimat, S. 86
175 Spiekermann, S. 530
176 Spiekermann, S. 507
177 Spieker, S. 208
178 Engel, S. 121

Quellen und Literatur

Husumer Wochenblatt (HW), ab Oktober 1911 Husumer Tageblatt (HT). Die Zahlen in den Klammern beziehen sich auf Ausgabe und Jahrgang der Zeitung.

Ditmarser und Eiderstedter Bote, Friedrichstadt (DEB)

Einkaufsliste Lehnsmann Peters (1894–1897), Tetenbüll, Kreisarchiv Nordfriesland A2/ 134, Bd. 3

Conto-Buch von Wilhelm Clausen (1897–1899), Tetenbüll

Kontobuch des Kaufmanns Lorenzen (1927–1929), Osterhever

111 Jahre Fett nach Maß. Zeitdokumente von Napoleon bis heute erzählen die Geschichte der Margarine und anderer Pflanzenfette am Beispiel von Rama, Sanella, Palmin, Union Deutsche Lebensmittel, Hamburg (ca. 1985)

1876 – 1976. 100 Jahre Henkel, hrsg. Henkel & Cie GmbH, Düsseldorf 1976

75 Jahre Fritz Homann AG, Margarine-Werke Dissen im Teutoburger Wald (1876–1951), Darmstadt 1951

90 Jahre Persil: die Geschichte einer Marke, Düsseldorf 1997

Alle mögen's weiß. Schätze aus der Henkel-Plakatwerbung. Schriften des Werkarchivs Sonderband 1. Henkel KGaA, Düsseldorf o.J.

Als Tante Emma noch bediente ... Zur Geschichte der Gemischtwarenläden in Norddeutschland, Ausstellungskatalog des Kreismuseums Syke 1996

Bäumler, Susanne (Hrsg.): Die Kunst zu werben. Das Jahrhundert der Reklame. Ausstellungskatalog des Münchener Stadtmuseums, Köln 1996

Böcher, Hans-Georg: Kulturgut Verpackung. Ein Beitrag zur Kulturgeschichte eines künstlerischen Mediums, 1999
Borscheid, Peter/Clemens Wischermann (Hrsg.): Bilderwelt des Alltags: Werbung in der Konsumgesellschaft des 19. und 20. Jahrhunderts; Festschrift für Hans Jürgen Teuteberg, Stuttgart 1995
Borscheid, Peter: Am Anfang war das Wort. Die Wirtschaftswerbung beginnt mit der Zeitungsannonce, in: Borscheid, S. 20–43
Brune-Berns, Silke: Im Lichte der Großstadt – Werbung als Signum einer urbanen Welt, in: Borscheid, S. 90–115
Chmielewski-Hagius, Anita: „Schwarz wie der Teufel muß der Kaffee sein ...", Broschüre zur Ausstellung im Kreismuseum Prinzeßhof Itzehoe, 1997
Deichsel, Alexander: Marke als schöne Gestalt – Vom Garantiezeichen zum Markenartikel, in: Bäumler, S. 25–28
Eine Heimat in der Marsch. Der Fotograf Ernst C. Payns aus Eiderstedt. Mit einer Lebensbeschreibung von Edgar Winter, Bredstedt 1999
Engel, Frauke: Reiz der Hülle – Gebrauchsverpackungen zwischen Schutzfunktion, Werbung und Kunst, in: Bäumler, S. 121–141
Feldenkirchen, Wilfried/Susanne Hilger: Menschen und Marken. 125 Jahre Henkel 1876–2001, Düsseldorf 2001
Götz, Norbert: Ausgezeichnet! Das System der Industrieausstellungen, in: Bäumler, S. 29–31
Götz, Susanne: Wie ein kleines Kaufhaus. Zur Warenversorgung im ländlichen Unterfranken, Asbacher Museumshefte, Würzburg 1997
Gubig, Thomas/Sebastian Köpcke: Chlorodont. Biographie eines deutschen Markenproduktes, Dresden 1997
Haas, Stefan: Die neue Welt der Bilder: Werbung und visuelle Kultur der Moderne, in: Borscheid, S. 64–77
Heer, Jean: Nestlé. Hundertfünfundzwanzig Jahre von 1866 bis 1991, Vevey 1991
Heilbronner Firmengeschichte, 1994
Hinrichsen, Torkild: Dufke-Laden. Ein ländliches Gemischtwarengeschäft aus Altenwerder. Sammlungen des Altonaer Museums in Hamburg, Heft 14, Hamburg-Altona 1991
Hinrichsen, Torkhild/Barbara Kunst: Das Tierreich in Bildern. Voss-Sammelbilder, Husum 2001
Im Wandel beständig. Die Geschichte eines Unternehmens, hrsg. aus Anlaß des 50jährigen Bestehens der Holsteinischen Margarinewerke Wagner & Co, Hamburg, Elmshorn, Darmstadt 1957
In aller Munde. Hundert Jahre Odol, hrsg. von Martin Roth, Manfred Scheske, Hans-Christian Täuberich, Ausstellungskatalog Deutsches Hygienemuseum Dresden, 1993
Internet-Seiten der bearbeiteten Firmen
Klein, Fritz (Hrsg.): Konsumgenossenschaftliches Warenbuch, Köln 1930
Lorenzen, Detlef: Reklamekunst um 1900. Künstlerlexikon für Sammelbilder, Berlin 2000
Magginalien von A bis Z, 100 Jahre Maggi GmbH, 1996
Oetker, Dr. August, Warenkunde, 5. Auflage, Bielefeld 1952
Ottomeyer, Hans: Garantiert Qualität, in: Bäumler, S. 16–24
Pelzer, Birgit/Reinhold Reith: Margarine. Die Karriere der Kunstbutter, Berlin 2001
Rehbein, Franz: Das Leben eines Landarbeiters, Hamburg 1985
Sandgruber, Roman/Harry Kühnel (Hrsg.): Genuß & Kunst. Kaffee, Tee, Schokolade, Tabak, Cola, Ausstellung Schloß Schallaburg 1994
Sartorius, Otto: 100 Jahre Hoffmann's Stärkefabriken,1850–1950, Bad Salzuflen, Bielefeld 1950
Schollmeyer, Swanjte: Persil bleibt Persil. Studien zur Plakatgestaltung der Firma Henkel in Deutschland 1920–1939, Magisterarbeit der CAU Kiel 1997, 2 Bde (Text und Bild)
Schwalbe, W. A.: Warenkunde des Lebensmittel-Einzelhandels, 8. verb. Auflage, Leipzig 1938
Seidel, Brigitta / Doris Tillmann: LandHökerei. Dörflicher Warenhandel im 18. und 19. Jahrhundert am Beispiel des Kaufladens Peters in Tetenbüll, Eiderstedt, (=Kataloge der Museen in Schleswig-Holstein 57), Tetenbüll 2000
Seidel, Brigitta: KolonialWaren. Genussmittel und Gewürze im ländlichen Haushalt (= Kataloge der Museen in Schleswig-Holstein 63), Husum 2001
Sell, Manfred: Waschen – eine saubere Sache, (=Schriften des Freilichtmuseums am Kiekeberg, 7), Ehestorf 1991
Selter, Bernward: Der „satte" Verbraucher: Idole des Ernährungsverhaltens zwischen Hunger und Überfluß, in: Borscheid, S. 190–221
Soll und Haben, eine Bilanz von 1829 bis 1954, Franz Kathreiner Nachfolger, München 1954
Spieker, Ira: Ein Dorf und sein Laden. Warenangebot, Konsumgewohnheiten und soziale Beziehungen um die Jahrhundertwende, (= Internationale Hochschulschriften, Bd. 356), Münster 2000
Spiekermann, Uwe, Basis der Konsumgesellschaft, Entstehung und Entwicklung des modernen Kleinhandels in Deutschland 1850–1914, München 1999
Teuteberg, Hans J. / Günter Wiegelmann: Der Wandel der Nahrungsgewohnheiten unter dem Einfluß der Industrialisierung, Göttingen 1972
Väth-Hinz, Henriette: Odol. Reklamekunst um 1900, Gießen 1985
Zeitdokument Werbung am Beispiel Nivea von 1912–1977, Beiersdorf AG Hamburg

Bildnachweis

Titelbild, Aber Tantchen, man wäscht doch mit Persil, 1927,
Foto: Werksarchiv, Henkel KGaA, Düsseldorf
Titel hinten: Kochbuch der Firma Liebig's Fleischextrakt, Haus Peters
S. 2 Foto: Hans Brosius, Tornesch
S. 6 Foto: Werksarchiv, Henkel KGaA, Düsseldorf
S. 7 Foto: Susanne Backens
S. 9 Husumer Wochenblatt 25/1896
S. 10 Foto: Susanne Backens
S. 11links: aus: Alle mögen's weiß, S.30
S. 11 rechts: Foto: Susanne Backens, Hans Peters
S. 13 links, aus: In aller Munde, S. 122
S. 13 rechts Emailschild 1920, Volkskunde Hesterberg, Schleswig-Holsteinische Landesmuseen
S. 14 Reklamemarken, Haus Peters
S. 15 Sammelbilder, Haus Peters
S. 16 Fotos: Susanne Backens, Haus Peters
S. 17 Foto: Susanne Backens
S. 18 Haus Peters
S. 19 Foto: Susanne Backens
S. 21 Haus Peters
S. 22 aus: Alle mögen's weiß, S. 28
S. 23 aus: Alle mögen's weiß, S. 13
S. 24 Haus Peters
S. 25 rechts aus: Alle mögen's weiß, S. 15
S. 26 unten Haus Peters
S. 27 Haus Peters
S. 29 links, Haus Peters
S. 30 oben aus: Alle mögen's weiß, S. 50
S. 30 Foto: Susanne Backens, Haus Peters, Stiftung Nordfriesland
S. 31 links: Foto: Susanne Backens, Haus Peters
S. 31 rechts Alle mögen's weiß, S. 63
S. 32 Foto: Susanne Backens, Haus Peters
S. 33 Haus Peters
S. 34 Haus Peters
S. 35 Haus Peters
S. 36 oben Reklamemarke Haus Peters
S. 36 unten Foto: Susanne Backens, Haus Peters
S. 37 Haus Peters
S. 38 oben aus: In aller Munde, S. 10
S. 38 unten Foto: Susanne Backens, Haus Peters
S. 39 aus: In aller Munde, S. 103
S. 40 Haus Peters
S. 41 Reklamemarken Haus Peters
S. 41 rechts aus: Zeitdokument, o. S.
S. 42 aus: Zeitdokument o. S.
S. 43 Haus Peters
S. 44 links aus: In aller Munde, S. 136 links
S. 44 rechts: Foto: Susanne Backens, Haus Peters
S. 45 aus: Gubig, S. 32
S. 48 Haus Peters
S. 49 Haus Peters; Foto links: Susanne Backens
S. 50 Haus Peters, Foto: Susanne Backens
S. 51 Haus Peters, Replik, Postkarte
S. 52 Haus Peters
S. 53 Haus Peters
S. 54 Haus Peters
S. 55 rechts: Stiftung Nordfriesland, Foto: Susanne Backens
S. 56 Volkskunde Hesterberg, Stiftung Schleswig-Holsteinische Landesmuseen Schloss Gottorf, Schleswig
S. 57 Haus Peters
S. 60 Haus Peters
S. 61 aus: 111 Jahre o. S.
S. 64 Haus Peters
S. 65 Haus Peters, Foto: Susanne Backens
S. 66. 67: Husumer Wochenblatt
S. 69 Haus Peters
S. 70 Foto: Johannes Glismann, Tetenbüll
S. 73 Haus Peters

Inhaltsverzeichnis

Der Durchb
Verpackung
Industrialisie
dukte die M
Sie haben in
zehnten de
Aussehen d
Beziehung des Kaufmanns zum Kunden fundamental verändert und letztlich das Ende der Tante-Emma-Läden eingeläutet, die für eine Präsentation der vielfältigen Waren von ihren räumlichen Möglichkeiten her nicht geeignet waren. Die Autorin vollzieht in Wort und Bild den Siegeszug von Industriewaren wie Waschpulver, Margarine und Fleischextrakt nach, erläutert die Entwicklung der Produkte und zeigt die wichtigsten Werbeträger – Reklamemarken, Blech- und Emailschilder – sowie Kultobjekte der Werbekunst um die Jahrhundertwende.

9 783898 760812